hänssler

Klaus Göttler

Mein Herz vor Gott

Anbetung als Lebensstil

Klaus Göttler, geb. 1966 in Reutlingen, ist als Leiter der Missionarischen Arbeit im Deutschen EC-Verband in Kassel tätig und als solcher auch für die Musikarbeit des EC verantwortlich. Er lebt mit seiner Frau Chris und seinen Kindern Simone, Michael und Melina seit einigen Jahren im nordhessischen Schauenburg. Er ist außerdem leidenschaftlicher Musiker und engagiert in vielen nationalen und internationalen Projekten.

Hänssler-Paperback
Bestell-Nr. 394.012
ISBN 3-7751-4012-3

Internet: www.haenssler.de
E-Mail: info@haenssler.de
Umschlaggestaltung: Jens Vogelsang, Aachen
Titelfoto: Strandperle Medien Services e.K., Hamburg
Satz: Vaihinger Satz & Druck, Vaihingen/Enz
Druck und Bindung: Ebner & Spiegel, Ulm
Printed in Germany

ecpa International Member of the Evangelical Christian Publishers Association

Inhalt

Vorwort 9

Einleitung **11**
Immer und ewig 11
Wir leben in einer Welt der Anbetung 12

Was ist Anbetung? **13**
Unser Herz sehnt sich nach Anbetung 13
Wen bete ich an? 14
Theologie ist Biografie 15
Was ist Anbetung nicht? 18
Was ist Anbetung? 19
Das Gespräch am Jakobsbrunnen 21
Warnung vor falscher Anbetung 23
Anbetung ist ein Lebensstil 24
Die vier Bereiche der Anbetung 24
Anbetung – Grundäußerung des Glaubens 28

Anbetung – ein Problem? **31**
Anbetung und Musik 31
Anbetung als Musikstil? 33
Ein Wort an die Leiter 33
Die Worship-Welle (Anbetung als Modeerscheinung) 35
Musik – ein »Werttransport« 36

Die Wiederentdeckung der Anbetung
und das Qualitätsproblem 36
Das Gesetz des Pendels 38
Das Wohlstandsphänomen 40
Worship und Evangelisation 41

Anbetung – eine Perle! 43
Einleitung 43
Anbetung und Dienst 45
Anbetung macht Sinn 47
Anbetung als Kompass im Alltag 48
Anbetung führt uns in die Tiefe 49
Anbetung holt uns aus der Tiefe 50
Anbetung und Hoffnung 53
Anbetung und Kreativität 54

Anbetung als christliches Markenzeichen 57
Gott ins Gesicht schauen 57
Die Bibel als Basis und Quelle der Anbetung 59

**Konstruktive Anregungen zum Umgang mit
»Anbetung« in der Gemeinde** 61
Alles Anbetung? 61
Vertrauen ist gefragt 62
Ehrlich werden im Umgang mit heiklen Themen 63
Geschmack und Theologie auseinander halten 64
Eine Frage der Kultur 65
Die Machtfrage thematisieren 67

Zahnrad – eine hilfreiche Initiative 68
Lernbereit bleiben 68
Eine Kultur der Toleranz und Liebe in unseren Gemeinden entwickeln 69
Das Gemeinsame suchen, ohne die Unterschiede zu vertuschen 71
Mut zum Experimentieren 72
Das Feuer weitertragen 73

Schluss 75

Literaturverzeichnis 77

Vorwort

»Anbetung – Problem, Perle, Proprium«. Zu diesem Thema hatte ich im Frühjahr 2005 einen Vortrag im Rahmen der Gnadauer Fachtagung für Musik zu halten. Dieses Buch setzt bei dem gehaltenen Vortrag an und befasst sich mit den verschiedenen Facetten des Themas »Anbetung«.

Seit vielen Jahren liegt mir dieses Thema – und die inhaltliche Auseinandersetzung damit – auf dem Herzen. Ich freue mich, wenn dieses Buch dabei hilft, das Thema Anbetung als Schatz zu entdecken und es Menschen anregt, darüber nachzudenken, wie Anbetung Gottes sowohl im eigenen Leben als auch in der Gemeinde einen festen Platz bekommt.

Ich danke Guido Baltes, der seit vielen Jahren wertvolle Impulse zum Thema »Anbetung« gibt, für seine Anregungen und viele hilfreiche Gedanken. Ich danke meinen theologischen Lehrern in der Evangelistenschule Johanneum, die mir den Blick geweitet haben für die Schätze der Bibel und besonders dem heutigen Direktor, Burkhard Weber, der praktisch vorgelebt hat, wie Anbetung durch Theologie geschehen kann.

Anbetung kann ein Problem sein. Anbetung ist jedoch vor allem eine Perle, wenn sie mir die Augen öffnet für den dreieinigen Gott und mir hilft, meine tiefste Sehnsucht zum Ausdruck zu bringen: Mein Herz vor Gott.

Klaus Göttler
Im August 2005

Einleitung

Immer und ewig

»Fußball in Kaiserslautern: Anbetung, Verheißung, Erlösung!« Diese Überschrift in der Zeitung »Die Zeit« fiel mir ins Auge. Was hat Fußball bitteschön mit Anbetung zu tun? Das eine spielt sich im Stadion ab und das andere in der Kirche, oder etwa nicht?
Doch als ich vor einiger Zeit mit meinem Sohn nach langer Zeit zum ersten Mal wieder in einem Bundesligastadion stand, fiel mein Blick sofort auf die Trikots, die einige Fans trugen: »Dortmund, für immer und ewig.« So stand es in großen Lettern auf ihren Rücken. Was für ein Bekenntnis!

Wenn man über das Thema »Anbetung« nachdenkt, dann liegt man gar nicht so falsch, wenn man über Fußball spricht. Das ist gar nicht so weit hergeholt. Denn wenn man sich mal anschaut, was da Woche für Woche in den Stadien oder in den Häusern vor den Fernsehapparaten geschieht, dann hat das durchaus etwas mit unserem Thema zu tun.
Da sind Menschen, die opfern ihr ganzes Leben für ihren Club. Sie setzen ihr ganzes Leben ein und reisen ihrer Mannschaft nach, egal wohin – nach Island oder wo immer sie auch spielen –, um live dabei zu sein. Sie sind ihrem Team treu bis in den Tod und lassen sich am Ende auch noch in Vereinsfarben beerdigen.
Es ist wirklich hochinteressant, wie Menschen anbeten – besonders, wenn es um den Fußball geht. In den Stadien erklingt der Lobpreis und der Mann in Schwarz versucht, alles so gut es geht zu regulieren.

Wir leben in einer Welt der Anbetung

Es ist ganz offensichtlich: Wir leben in einer Welt der Anbetung. Dazu muss man nicht ins Fußballstadion schauen. Ein Blick ins Fernsehen reicht, wo Filmstars, Musiker und Sportler gefeiert werden und ihre Fans unglaubliche Dinge tun, um möglichst nahe an ihren Idolen dran zu sein. Wenn junge Teenager kreischend an der Bühne ihres Lieblingsmusikers stehen und Mittvierziger ihrem Star Teddys überreichen, dann sind wir mitten in unserem Thema.
Anbetung ist in unserer Welt etwas völlig Normales. Viele würden es vielleicht anders nennen. Aber ihr Handeln spricht eine deutliche Sprache. Anbetung ist etwas völlig Normales. Wer mit offenen Augen durch die Welt geht, wird sie überall finden. Jeder Mensch ist mit diesem Thema vertraut, auch wenn er es wahrscheinlich nicht so definieren würde.

Was ist Anbetung?

Unser Herz sehnt sich nach Anbetung

Jeder Mensch hat eine Sehnsucht nach Anbetung. Anbetung ist etwas zutiefst Menschliches. Jeder Mensch betet etwas an. Dabei ist Anbetung nichts spezifisch Christliches. Jeder Mensch hat eine Ur-Sehnsucht nach Anbetung, nach etwas Höherem, vor dem er sich neigen kann, vor dem er sich beugen kann. Deshalb gehört es zu den größten Glücksmomenten in unserem Leben, wenn wir uns hingeben können an einen Menschen oder eine Sache.
Viele Menschen meinen heute irrtümlicherweise, dass man glücklich wird, indem man bekommt. Die Bibel macht deutlich, dass man dann glücklich wird, wenn man gibt.
Anbetung ist eine Ur-Sehnsucht, die etwas mit der Bestimmung des Menschen zu tun hat. Als Gott den Menschen schuf, schuf er ihn sich zum Gegenüber. Er setzte ihn zu sich in Beziehung. Dabei ging es nicht um eine gleichberechtigte Partnerschaft, sondern um eine Beziehung zwischen dem ewigen Gott und dem begrenzten Menschen. Das Zentrum dieser Beziehung war von Anfang an die völlige Bezogenheit auf den Schöpfer. Anders war Menschsein gar nicht denkbar.

Anbetung gehört zu unserem Menschsein. Diese Erkenntnis überrascht uns Christen nicht, denn dafür sind wir schließlich geschaffen. Unser Herz ist auf Anbetung angelegt. Es kann nicht anders glücklich werden. Und deshalb betet der Mensch an.

Als Adam und Eva begannen, Gott zu misstrauen (1. Mose 3), bekommt das Thema plötzlich eine neue Dimension. Durch den Sündenfall entsteht ein großes Vakuum. Die Menschen wollen anbeten, weil die Sehnsucht dazu tief in ihren Herzen verankert ist. Nur Gott, den haben sie nicht mehr, denn dem haben sie den Stuhl vor die Tür gesetzt.
Wenn ich aber Gott nicht mehr anbeten kann, wen bete ich dann an?

Ich werde mir andere Dinge suchen: So wird Gott durch Ersatzstoffe ersetzt, durch Surrogate. In der Bibel finden wir viele eindrückliche Beispiele zu diesem Thema.

In 2. Mose 32 steht die Geschichte vom Tanz ums goldene Kalb, die sprichwörtlich geworden ist für viele Handlungsweisen. Als Mose von seinem Ausflug zum Berg Sinai nicht rechtzeitig zurückkehrt, werden die Israeliten ungeduldig. Und während oben auf dem Berg Mose die Gesetzestafeln von Gott empfängt, suchen sich die Israeliten gemeinsam mit Aaron einen Ersatzgott, den sie anbeten können. Es ist beeindruckend, was die Leute dafür investieren: Sämtlicher Schmuck wird eingesammelt und zu einem goldenen Stierbild verarbeitet. Sie meinen Gott mit ihrer Anbetung und merken nicht, dass sie in Wahrheit Gott aus dem Blick verloren haben.

Ein anderes Beispiel finden wir in 1. Könige 18. Zwischen Elia und 450 Baalspriestern kommt es am Berg Karmel zum Showdown. Wiederum ist es beeindruckend, wie inbrünstig die 450 Priester versuchen, Gott anzubeten und zu bewegen. Sie schrecken auch nicht vor Schmerzen zurück, um Gott in der Ekstase zu begegnen. Doch der Fortgang der Geschichte macht deutlich, dass die Priester den falschen Gott anbeteten. Und so schrecklich das Ende der Geschichte ist, so sehr wird deutlich, wie ernst es mit diesem Thema ist: Wenn ich Gott nicht anbete, suche ich mir andere Götter oder Menschen, die ich anbeten kann.

Wen bete ich an?

Menschen wollen anbeten. Doch die entscheidende Frage an dieser Stelle ist natürlich: Wen oder was beten wir an? Das ist die Frage, um die es geht. Denn alles kann angebetet werden. Das Angebot ist unüberschaubar: Ich kann Götter anbeten; ich kann Idole und Stars, Könige und Führer anbeten. Wir erinnern uns mit Schrecken, welche Auswirkungen Letzteres in der Geschichte unseres Landes hatte. Ich kann meinen Partner oder meine Partnerin anbeten; ich kann meine Kinder anbeten, ich kann die Sonne anbeten, den Mond und die Sterne. Ich kann das Geld anbeten; ich kann den Götzen Fernseher haben; ich kann die Wissenschaft anbeten und die Technik, die Götter in Weiß genauso wie mein schickes neues Auto in Rot. Alles in dieser Welt kann angebetet werden. Deshalb lautet die entscheidende Frage: Wen oder was bete ich an?

Nun erscheint dieses Buch in einem christlichen Verlag und wird von einem Christen geschrieben. Deshalb wird die Antwort der Frage niemanden überraschen. Wir wollen den Gott der Bibel anbeten. Den Vater Jesu Christi. Den dreieinigen Gott. Eigentlich könnte man meinen, dass damit das Thema »Anbetung« ausreichend behandelt ist. Aber wir beobachten: Kaum ein Thema hat die Christen unterschiedlichster Frömmigkeitsstile so bewegt und oft auch gespalten, wie das Thema »Anbetung«. Deshalb hoffe ich, dass die folgenden Kapitel helfen, Missverständnisse zu klären und viele Leser motiviert werden, die Anbetung Gottes als Schatz für ihr Leben zu entdecken.

Theologie ist Biografie

Ich bin seit über 20 Jahren Christ. Den ersten Anstoß dazu gaben mir junge Christen auf dem Marktplatz der schottischen Stadt Edinburgh. Mir fielen sofort die fröhlich tanzenden Menschen ins Auge, die mit ihren Liedern Gott anbeteten. Und als ich mit meinem Reisebegleiter so da stand und zuschaute, sprachen uns zwei Deutsche aus dieser Gruppe an. Sie luden uns in einen Teekeller ein und erzählten uns von Jesus.
Als ich einige Wochen später durch Mitschüler in einer EC-Jugendgruppe landete und wenig später Christ wurde, sprach ich mit dem EC-Jugendleiter über meine Erlebnisse in Edinburgh. Voller Begeisterung erzählte ich ihm von meiner Begegnung mit dem internationalen Team von »Jugend mit einer Mission«. An der Reaktion merkte ich, dass seine Begeisterung sich offensichtlich in Grenzen hielt. Als ich wiederum einige Jahre später im Musikausschuss des

EC landete, wo wir ein neues Liederbuch konzipierten, begegnete mir diese Skepsis wieder. Der Vorstand lehnte es damals entschieden ab, Anbetungslieder von »Jugend mit einer Mission« ins Liederbuch aufzunehmen.
Mir war diese Denkweise fremd, schließlich hatte ich jungen Menschen dieser Bewegung mein Leben mit Gott zu verdanken. Aber diese Erlebnisse haben mich sensibel gemacht für die Ängste und Spannungen zwischen Christen unterschiedlicher Prägung.

Ein zweites Beispiel kommt mir in den Sinn, wenn ich darüber nachdenke, wo mir das Thema Anbetung in meinem Leben begegnet ist. Es war Ende der achtziger Jahre. Ich war Gitarrist in einem bundesweiten Gospelchor. Wir kamen zu unserer alljährlichen Übungsfreizeit zusammen. Eines Abends kamen zwei Mitglieder des Chores auf mich zu und baten mich um ein Gespräch. Das Ehepaar erzählte mir, dass der Bruder der Frau mit Krebs im Sterben lag. Wir sprachen, weinten und beteten. Am nächsten Abend starb der junge Mann. Wir konnten diese Situation nicht einordnen. Es war eine dieser Situationen, in denen Gott uns plötzlich fremd und brutal erscheint.
Das Ehepaar entschloss sich, den abschließenden Gottesdienst unserer Freizeit noch zu besuchen, in dem wir mit unserem Chor mitwirkten. Da in dieser Gemeinde Anbetung ein fester Bestandteil des Gottesdienstes war, gab es einen Anbetungsteil, so wie wir ihn heute in vielen Gemeinden finden.
Nach dem Gottesdienst kam die Sängerin auf mich zu und sagte, dass sie in diesem Gottesdienst und in der Anbetung Gottes einen Trost erfahren hat, wie sie ihn nicht für möglich gehalten hätte. Traurig aber unglaublich getröstet fuhr das Ehepaar zur Beerdigung des Bruders.

Ein drittes Erlebnis liegt erst einige Monate zurück. Ich war in Pattaya zur »Konferenz für Weltevangelisation«. 1800 Menschen aus über 100 Ländern waren zu Gast bei diesem Kongress in Thailand. Die Konferenz begann mit einem festlichen Abend, der auch eine Zeit der Anbetung enthielt. Als wir gemeinsam sangen und beteten, fiel mir der Afrikaner auf, der sich unmittelbar vor mir mit dem

Gesicht zur Erde auf den Boden legte. Das hatte ich bisher so noch nicht erlebt. Ich empfand ein eigenartiges Gefühl bei diesem Anblick. Doch im nächsten Moment überlegte ich: Warum eigentlich? Warum ist es für mich fremd, dass sich ein Mensch vor Gott auf den Boden legt? Immerhin hat dieser Mann die Bibel hinter sich. Denn dort lesen wir von vielen Menschen, die vor Gott lagen oder die Hände emporhoben. Dagegen kommt das »Händefalten« nicht vor. Diese Geste findet sich erst später im Germanentum als Zeichen der Unterwerfung.

Das Erlebnis in Pattaya war, wie auch die anderen, ein Warnschuss für mich, die Schubladen nicht zu schnell zu öffnen, um bestimmte Frömmigkeitsstile und -formen hineinzupacken. Vielleicht geht es manchem Leser ähnlich, wenn er diese Zeilen liest. Vielleicht werden eigene Erfahrungen wach und Vorurteile bestätigt.
Wir diskutieren das Thema »Anbetung« nicht auf neutralem Boden. Es ist für viele ein spannendes Thema, weil es in eine bestimmte Ecke gestellt wird. Wir bringen unsere eigene Vorgeschichte und unsere Vorbehalte mit, wenn es um dieses Thema geht.

Einer meiner theologischen Lehrer gab mit folgenden Satz mit auf den Weg: »90% aller Theologie ist Biografie.« Nun kann man sich über den Prozentsatz sicher streiten, doch Fakt ist, dass meine Theologie immer von biografischen Erfahrungen geprägt ist. Mein Bild von Gott hängt immer mit Erkenntnissen zusammen und oftmals auch mit bestimmten Lebenssituationen, die ich durchlebe.
Theologie ist keine Frage der Beliebigkeit, aber ich sollte mir immer deutlich machen, dass das Reich Gottes nicht mit mir begonnen hat und nicht mit mir aufhört. Es beschränkt sich auch nicht auf bestimmte Frömmigkeitsstile und Kulturen. Das Reich Gottes ist immer noch größer. Und deshalb möchte ich nicht zu früh das Urteil sprechen über Formen, die mir fremd sind. Das halte ich auch für einen wichtigen Grundsatz, wenn es um das Thema »Anbetung« in meinem Leben geht.

■ Was ist Anbetung nicht?

Was ist Anbetung? Wenn wir dieser Frage nachgehen, dann fragen wir zuerst: Was ist Anbetung nicht? Es gibt eine Reihe aktueller Missverständnisse, die ich an dieser Stelle erwähnen möchte:

»Anbetung« bezeichnet keinen bestimmten Musikstil. Wenn manche den Begriff »Anbetung« hören, denken sie sofort an seichten Pop aus den Achtzigern. Doch »Anbetung« meint eben keinen bestimmten Musikstil.

»Anbetung« ist auch keine Modeerscheinung. Auch wenn das Thema »Anbetung« in den letzten Jahren in christlichen Kreisen zu einem Modethema geworden ist, so ist es im Eigentlichen keine Modeerscheinung.

»Anbetung« hat auch nichts mit guten Gefühlen zu tun. Natürlich schließt Anbetung den ganzen Menschen ein – und damit auch seine Gefühle. Aber Anbetung ist nicht Synonym für ein gutes Gefühl.

»Anbetung« bezeichnet auch keine höhere Form des Betens. Sie spiegelt sich selbstverständlich im Gebet wider, bezeichnet aber keine weiterentwickelte Form des Gebets für besonders geübte Beter.

Unter »Anbetung« ist auch nicht zu verstehen, dass wir 30 Minuten singen anstelle der üblichen drei Minuten. Anbetung kann durchaus Zeit brauchen, lässt sich aber nicht durch einen Zeitraum festlegen.

Schließlich bedeutet Anbetung auch nicht, dass wir statt des Liederbuches die Leinwand vorziehen. Natürlich gibt es unterschiedliche Wege, die Liedtexte zu präsentieren, aber das hat nichts mit dem Thema »Anbetung« zu tun.

Durch die Popularität, die der Begriff »Anbetung« in den letzten Jahren gewonnen hat, besteht die Gefahr, dass wir versuchen, Anbetung zu imitieren. Damit meine ich, dass wir Formen übernehmen, ohne die Inhalte zu reflektieren. Ein Lied wird nicht dadurch zur Anbetung, wenn ich es einfach ein paar Mal wiederhole. Hier gilt der altbewährte Grundsatz: Nicht kopieren, sondern kapieren!

Was ist Anbetung?

Was verstehen wir aber nun unter dem Begriff »Anbetung«? In der Bibel finden wir unterschiedliche Begriffe, die sehr eng zusammenhängen und die ich folgendermaßen definiere:

Lobpreis
Zum einen finden wir das Stichwort »Lobpreis«. Loben bedeutet, dass ich Gutes ausspreche, das ich über Gott weiß. Es ist das rühmende Bekennen Gottes. Wir rühmen seine Schöpfung, seine Taten und sein Wesen. Das Lied »Groß ist unser Gott« ist beispielsweise ein klassisches Loblied. Gott wird besungen und gerühmt. Andere werden eingeladen, in diesen Lobpreis einzustimmen.

Dank
Eine weitere Äußerung des Glaubens ist der Dank. Danken bedeutet, dass ich auf das reagiere, was ich von Gott bekomme. Es geht also um die konkrete Antwort auf das, was ich von Gott empfange.

Anbetung
Für den Akt der Anbetung gibt es im Griechischen einen anschaulichen Begriff. Im Lexikon wird das Wort »proskuneo« übersetzt mit »niederfallen, fußfällig verehren«. In diesem Begriff steckt die Geste der Unterwerfung. Für uns mag das heute fremd erscheinen, denn es ist sicher nicht populär und entspricht auch nicht unseren demokratischen Prinzipien, dass wir uns einem anderen Menschen unterwerfen. Für die Menschen der Bibel war das Niederfallen dagegen eine bekannte Geste. Ein römischer Soldat fiel vor seinem Kaiser selbstverständlich nieder, um damit seine Unterwürfigkeit und seinen Gehorsam zum Ausdruck zu bringen. Und wehe, wenn er es nicht getan hat.

Als Petrus mit seinen Fischerkollegen im See Genezareth auf das Wort Jesu hin gegen jede Erfahrung die Netze auswirft, erlebt er die Macht Gottes (Lukas 5,1-11). Die Netze sind so voll, dass sie fast reißen. Wie reagiert Petrus auf dieses Erlebnis? Er ist nicht begeistert und sagt Jesus: »Wow, Jesus, du kannst in meiner Firma einsteigen. Du sorgst für die Fische und kriegst dafür 10% des Gewinns!« Als Petrus sieht, was geschieht, fällt er Jesus zu Füßen und spricht: »Herr, geh weg von mir. Ich bin ein sündiger Mensch. Wir beide passen nicht zusammen. Du bist der heilige Gott und ich bin ein Sünder.« Petrus fällt Jesus zu Füßen. Das ist genau die Handlung, die mit »proskuneo« beschrieben ist. Petrus erkennt: Jesus ist eine andere Kategorie!

Anbetung ist kein Meinungswechsel. Anbetung ist ein Herrschaftswechsel. Als Petrus Jesus zu Füßen fällt, da ist das eine klare Ansage: »Jesus, ich beuge mich vor dir. Ich gebe mein Leben in deine Hand.« Anbetung ist ein Zeichen völliger Hingabe.

Als in Lukas 7 eine stadtbekannte Prostituierte Jesus und einige Theologen beim Abendessen stört, da fällt sie ihm zu Füßen und küsst ihm förmlich dieselben. Sie salbt seine Füße mit dem Kostbarsten, das sie besitzt. Hier geschieht Anbetung.

Wie klar diese Geste in der Bibel zu verstehen ist, zeigt uns eine Geschichte in Apostelgeschichte 10,26. Der heidnische Hauptmann Kornelius fällt Petrus zu Füßen, um ihn anzubeten. Petrus weist das entschieden von sich und richtet Kornelius auf mit den Worten: »Steh auf! Ich bin ein Mensch wie du!«
Petrus stellt klar, dass das Niederfallen einem Gott oder einer gottähnlichen Person vorbehalten bleibt. Ein Mensch ist an dieser Stelle die falsche Adresse.

Auf diesem Hintergrund wird die Brisanz deutlich, die die Anbetung Gottes der ersten Christen hatte. Indem sie den Gott der Bibel anbeteten und vor ihm niederfielen, brachten sie auch ihren Protest gegenüber der Anbetung des Kaisers zum Ausdruck. Weil sie Gott anbeteten, entzogenen sie sich dem Machtbereich eines anderen Herrschers. Damit waren die Konflikte vorprogrammiert.

Eine weitere biblische Geschichte macht uns deutlich, wie gefährlich Anbetung sein kann: Als Daniel mit einigen anderen jungen Männern nach Babylon verschleppt wird, hat er den festen Grundsatz, Gott gehorsam zu bleiben. Am Anfang geschieht das einigermaßen problemlos und Daniel gewinnt sogar die Gunst des babylonischen Königs Nebukadnezar. Das geht so lange gut, bis Nebukadnezar auf die Idee kommt, sich selbst eine Statue errichten zu lassen, damit andere ihn anbeten. Als Daniel auf frischer Tat erwischt wird, wie er seinen Gott anbetet, zieht Unheil herauf. Daniel wird mit zwei anderen gläubigen jungen Männern in den Feuerofen geworfen, um dort für die Anbetung Gottes zu büßen.
Wie viele wissen, endet die Geschichte in Daniel 3 mit einem Happy End. Doch das war nicht immer so. Viele Christen haben die Anbetung Gottes mit ihrem Leben bezahlt. Und in manchen Ländern tun es Christen heute noch. Anbetung kann also durchaus eine gefährliche Angelegenheit sein. Christen, die Gott anbeten, sind immer eine Gefahr für Tyrannen und Despoten, weil sie nicht verfügbar sind, sondern ihrem Gott gehorchen.

Das Gespräch am Jakobsbrunnen

In Johannes 4 wird uns ein eindrückliches Gespräch zwischen Jesus und einer Frau aus Samarien berichtet. Über alltägliche Themen kommt Jesus mit der Frau in ein geistliches Gespräch. Sie kommen auf die Sehnsüchte der Frau zu sprechen und auf die Holzwege, auf denen die Frau versucht hat, ihre Wünsche zu befriedigen und ihren Lebensdurst zu stillen. Als die Frau erkennt, dass Jesus offensichtlich ein Mensch mit einem engen Draht zu Gott ist, tischt sie ihr gesammeltes Religionswissen auf (Joh. 4,19-24): »›Herr‹, sagte die Frau, ›ich sehe, dass du ein Prophet bist. Sage mir doch, warum ihr Juden darauf besteht, dass Jerusalem der einzige Ort ist, um Gott anzubeten. Wir Samaritaner degegen behaupten, dass es dieser Berg hier ist, wo unsere Vorfahren gebetet haben?‹ Jesus erwiderte: ›Glaube mir, es kommt die Zeit, in der es keine Rolle mehr spielt, ob ihr den Vater hier oder in Jerusalem anbetet. Ihr Samaritaner wisst wenig über den, den ihr anbetet – wir Juden dagegen kennen ihn, denn die Erlösung kommt durch die Juden. Aber die Zeit kommt, ja sie ist schon da, in der die wahren Anbeter den Vater im Geist und in der Wahrheit anbeten. Der Vater sucht Menschen, die ihn so anbeten. Denn Gott ist Geist; deshalb müssen die, die ihn anbeten wollen, ihn im Geist und in der Wahrheit anbeten.‹«

Interessanterweise kommt die Frau auf das Thema »Anbetung« zu sprechen. Welche Haltung sie selbst zur Anbetung Gottes hat, kann nur vermutet werden. Auf alle Fälle weiß sie, dass ihre Vorfahren einen Gott angebetet haben. Jesus greift die Aussage der Frau auf und macht einige interessante Aussagen zum Thema »Anbetung«:

Anbetung hat etwas mit Wissen zu tun

Anbetung ist keine Gefühlsduselei und keine Bauchsache. Anbetung hat etwas mit Wissen zu tun. Jesus hält das offensichtlich für sehr entscheidend, dass wir wissen, wen wir anbeten. Er setzt also die Erkenntnis über den Gott der Bibel voraus. Nur wer Gott kennt und weiß, wer er ist, kann Gott anbeten.

Anbetung ist an keinen bestimmten Ort gebunden

Die Frau weiß von bestimmten Orten, an denen Gott angebetet wird. Berge waren von jeher Orte der Begegnung mit Gott. Doch Jesus stellt klar, dass Anbetung nicht an einen bestimmten Ort gebunden ist. Weder an Berge, noch an den Tempel in Jerusalem, noch an irgendeine Kirche. Anbetung geschieht im Geist und in der Wahrheit. Wer den Heiligen Geist hat und die Wahrheit des Evangeliums erkannt hat, kann überall anbeten. »Denn Gott ist Geist; deshalb müssen die, die ihn anbeten wollen, ihn im Geist und in der Wahrheit anbeten.« (Joh. 4,24)

Anbetung ist nicht in unser Belieben gestellt

Anbetung ist keine Zusatzübung für besonders fromme Christen. Gott will Anbeter. Er will Menschen, die ihn durch den Heiligen

Geist als Vater erkennen und ihn anbeten. Anbetung ist nicht in unser Belieben gestellt, sondern ein wesentlicher Bestandteil unserer Beziehung zu Gott.

Warnung vor falscher Anbetung

Sucht man in der Bibel nach dem Thema »Anbetung«, so fällt auf, dass rund ein Drittel der Bibelstellen vor falscher Anbetung warnen. So wird z.B. in Römer 1,25 deutlich, dass Menschen die Anbetung Gottes pervertiert haben, indem sie nicht mehr den Schöpfer, sondern die Schöpfung anbeten. Das geschieht, wenn wir Götzen anbeten. Wenn Gott aus dem Mittelpunkt unserer Anbetung verschwindet, dann wird nicht mehr der Schöpfer geehrt, sondern das Geschöpf. Diese Spannung zieht sich durch die ganze Bibel hindurch. Immer wieder sehen wir, wie das Volk Israel Gott aus dem Blick verliert und andere Götter anbetet. Wir sehen, dass die Menschen permanent gefährdet sind und zur falschen Anbetung neigen. Das ist eine der größten Herausforderungen des Glaubens, dass sich das Zentrum unserer Anbetung nicht verlagert und wir vor anderen niederfallen.
Martin Luther hat das hilfreich verdeutlicht anhand einer einfachen Aussage, die sich an Matthäus 6,21 anlehnt: Woran mein Herz hängt, das ist mein Gott. Was ich im Herzen trage; woran ich denke, wenn ich meinen Gedanken freien Lauf lasse; wem meine ganze Leidenschaft gilt: Das ist mein Gott!

Diese Spannung spiegelt sich in vielen biblischen Geschichten wider. Und sie zieht sich bis hinein in unser Leben. Es gehört zu den größten Herausforderungen unseres Christseins, dass wir nicht der Versuchung erliegen, andere Götter und andere Dinge anzubeten.
Als Jesus in der Wüste vom Teufel versucht wird, spitzt sich die Sache dramatisch im Angebot Satans zu: Du kannst alles haben, wenn du niederfällst und mich anbetest (Mt.4,9). Diese Grundversuchung besteht bis heute. Genau an dieser Versuchung scheitern Christen bis heute.
Diese Beobachtung führt uns zum Kern der Anbetung:

Anbetung ist ein Lebensstil

Viele verstehen unter dem Begriff »Anbetung« – wie vorher erwähnt – einen bestimmten Musikstil. Doch »Anbetung« ist keine Frage des Musikstils, sondern eine des Lebensstils. Anbetung macht sich nicht an Lippenbekenntnissen fest, sondern an Grundentscheidungen unseres Lebens.
Die Menschen in Israel feiern zu Zeiten des Propheten Amos prächtige Gottesdienste. Es muss beeindruckend gewesen sein, im Tempel zu stehen und begeistert Loblieder zu schmettern und Gott anzubeten. Doch dann bricht Amos in diese fromme Idylle hinein und kreidet dieses bunte Treiben als falsche Anbetung an (Amos 5,23). Diese eindrückliche Bibelstelle, die von manchen Unverbesserlichen irrtümlicherweise als Aussage gegen bestimmte Musikstile verstanden wird, hat genau dieses Thema im Blick. Äußerliche Anbetung nützt nichts, wenn sie sich nicht im Leben wieder findet. Amos brandmarkt Gottesdienste, die zur äußerlichen Scheinveranstaltung geworden sind, in denen sich aber nichts mehr von der Hingabe an Gott wieder findet.

»Anbetung« zeigt sich nicht in äußerlichen Zeichen, sondern zuerst in einer inneren Haltung und einer Entscheidung, die immer wieder neu gefasst werden muss: Ich beuge mich vor dem Herrn dieser Welt und diene ihm von ganzem Herzen. In der Anbetung geht es um die Grundausrichtung meines Lebens. Insofern stellt das so genannte Doppelgebot der Liebe in Markus 12,30-31 einen guten Leitsatz für die Anbetung dar: Liebe Gott von ganzem Herzen und von ganzer Seele und liebe deinen Nächsten wie dich selbst!

Die vier Bereiche der Anbetung

Wenn wir über Anbetung nachdenken, dann denken wir dabei sehr schnell an die Form des Betens. Wie gerade deutlich wurde, ist Anbetung aber viel mehr als nur das Formulieren von Gebeten.
Burkhard Weber, einer meiner theologischen Lehrer am Johanneum,

hat mir eine Definition mitgegeben, die ich für sehr hilfreich erachte und im Folgenden darstelle.

Anbetung konzentriert sich im Wesentlichen auf vier Bereiche:

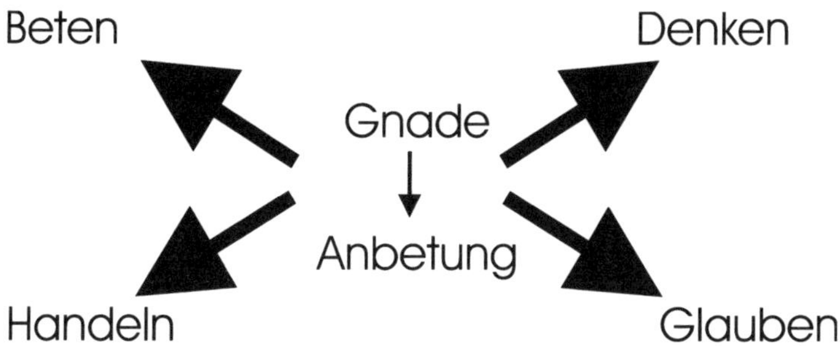

• ***Anbetung und Glaube***
Der Glaube an Jesus ist genau genommen schon Anbetung. Wenn ich Jesus als meinen Herrn erkenne und ihm mein Leben anvertraue, dann ist das praktisch eine Form der Anbetung. So wie Petrus vor Jesus auf die Knie geht und damit seinen Glauben zum Ausdruck bringt, so ist es eine Form der Anbetung, wenn ich mich vor Jesus, dem Sohn Gottes, beuge.

• ***Anbetung und Handeln***
Anbetung geschieht aber auch durch Taten. Wenn ich Gottes Wort nicht nur höre, sondern in die Tat umsetze, dann ist auch das eine Form der gelebten Anbetung. In Römer 12,1 werden wir von Paulus dazu aufgefordert, dass wir unseren Leib als lebendiges Opfer Gott darbieten sollen. Er spricht in diesem Zusammenhang vom »vernünftigen (wörtlich: logischen) Gottesdienst«[1]. Es ist folgerichtig, wenn ich Gott beim Wort nehme und mein Glaube in meinem Handeln sichtbar wird. Darin kommt meine Anbetung Gottes zum Ausdruck.

[1] Zitiert nach Luther '84.

• ***Anbetung und Denken***
Anbetung kann sich auch im Denken vollziehen. Theologie, die in der Ehrfurcht vor dem lebendigen Gott geschieht, ist Anbetung im Bereich des Denkens. Wenn ich die Bibel nicht mit dem Seziermesser auseinander nehme, sondern sie in der Gegenwart Gottes studiere, führt mich das zur Anbetung Gottes. Anbetung hat auch etwas mit Wissen zu tun, wie wir in Johannes 4,22 im Gespräch zwischen Jesus und der samaritischen Frau mitbekommen. Über Gott zu forschen und immer mehr zu entdecken, wer er ist, ist Anbetung. Ich werde an meine Grenzen stoßen und vielleicht nehmen die Fragen zu anstelle der Antworten. Aber ich werde immer mehr ins Staunen kommen über dieses einzigartigen Gott. Denn Staunen bedeutet, dass meine Grenzen gesprengt werden und mein Horizont erweitert wird.

• ***Anbetung und Beten***
Und dann geschieht Anbetung natürlich auch im Gebet. Wenn ich Gott anspreche und ihm sage, wer er ist, dann ist das Anbetung. Immer wieder werden wir in der Bibel dazu eingeladen, in Gottes Gegenwart zu treten, um ihn anzubeten (z.B. Ps.132,7).

Für alle vier Bereiche gilt, dass sie Antwort sind auf die Gnade Gottes. Ich kann nur glauben, weil Jesus meinem Unglauben hilft und durch seinen Tod am Kreuz den Glauben als Weg zum Heil bestätigt hat. Ich kann nur etwas über Gott sagen, weil er sich mir gezeigt hat. Ich kann nur über ihn nachdenken, weil er sich hineingegeben hat in schwache, missverständliche Worte. Ich kann nur mit ihm reden, weil er seinen Namen offenbart hat und sich mir nicht verschließt. Ich kann Gott mit meinem Leben nur deshalb anbeten, weil er uns mitgeteilt hat, wie wir richtig leben können. Alles ist Gnade. Alles, was wir tun, ist Antwort auf diese unbeschreibliche Gnade Gottes.

Anbetung geschieht also im Wesentlichen auf vierfache Weise. Nun ist es wichtig, dass wir nicht nur eine der vier Formen herauspicken, sondern ein Gleichgewicht halten zwischen diesen vier Pfeilern.

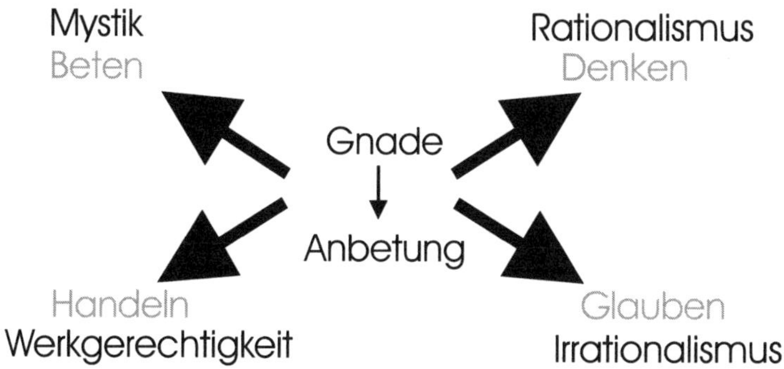

Was geschieht, wenn ich eine der vier Formen herausnehme und die anderen vier nicht beachte?

1. Anbetung und Glaube

Wenn wir nur den Glauben betonen und alles andere übersehen, landen wir im Irrationalismus. Dann schalten wir das Denken aus und werden unreflektiert irgendwelche Dinge tun.

2. Anbetung und Handeln

Wenn wir uns nur auf das Handeln konzentrieren, landen wir in der Werkgerechtigkeit. Letztlich lösen wir das Handeln von seiner Wurzel. Ich habe einmal das Zitat gelesen: »Sünde ist Gutseinwollen ohne Gott.« Unser gut gemeintes Handeln kann zur Sünde werden, wenn ich es vom Schöpfer löse.

3. Anbetung und Denken

Auch die Konzentration ausschließlich auf das Denken führt in die Irre. Wenn sich Anbetung nur im Denken vollzieht, landen wir im Rationalismus. Dann zählt nur das, was erklärbar und nachvollziehbar ist. Damit landen wir bei einem Gott, der die Grenzen sprengt und die Dimensionen übersteigt, unweigerlich im Abseits.

4. Anbetung und Beten

Wenn wir uns schließlich in der Anbetung nur auf die Form des Gebets konzentrieren, landen wir in der Mystik. Dann ist unser

Glaube weltfremd und hat nichts mit unserem Leben zu tun. Wenn wir uns nur auf das Gebet konzentrieren, ohne z.B. unser Handeln einzubeziehen, wird unsere Anbetung zur Farce.
Anbetung ist also viel facettenreicher als wir uns das vielleicht vorstellen. Unsere Anbetung Gottes steht auf diesen vier Säulen. Wenn eine der Säulen auf Dauer wegbricht, kommt die Motivation für unsere Anbetung ins Wanken.

Anbetung – Grundäußerung des Glaubens

Anbetung ist also keine Modeerscheinung, sondern seit Urzeiten ein wesentlicher Bestandteil des christlichen Glaubens. Anbetung ist eine Grundäußerung unseres Glaubens. Glauben ohne Anbetung ist nicht zu denken, ebenso wenig wie Anbetung ohne den Glauben an den gekreuzigten und auferstandenen Jesus. Ich kann nicht Christ sein, ohne anzubeten. Das gehört existenziell zu meinem Leben als Christ dazu.
In der Anbetung tun wir jetzt schon das, was eines Tages alle Menschen dieser Welt tun werden. Wir beugen unsere Knie vor Jesus und erkennen in ihm den Sohn Gottes. Das tun wir auch stellvertretend für die Menschen dieser Welt, die nicht im Traum daran denken, sich mit dem Gott der Bibel zu befassen.
Im so genannten Christushymnus in Philipper 2,6-11 wird das eindrucksvoll beschrieben:
»Er, der in göttlicher Gestalt war, hielt es nicht für einen Raub, Gott gleich zu sein, sondern entäußerte sich selbst und nahm Knechtsgestalt an, ward den Menschen gleich und der Erscheinung nach als Mensch erkannt.
Er erniedrigte sich selbst und ward gehorsam bis zum Tode, ja zum Tode am Kreuz.
Darum hat ihn auch Gott erhöht und hat ihm den Namen gegeben, der über alle Namen ist, dass in dem Namen Jesu sich beugen sollen aller derer Knie, die im Himmel und auf Erden und unter der Erde sind, und alle Zungen bekennen sollen, dass Jesus Christus der Herr ist, zur Ehre Gottes, des Vaters.«[2]

[2] Zitiert nach Luther '84.

Anbetung ist ein Akt des Glaubens. Deshalb ist es selbstverständlich, dass das Thema Anbetung in unseren Gemeinden, in unseren Gottesdiensten und in unseren Gemeinschaftsstunden eine wichtige Rolle spielen muss.
Eine Kirche, in der Gott nicht angebetet wird, verliert ihre Mitte. Wenn wir Gott nicht anbeten, dann beten wir andere an. Wenn wir Gott aus dem Zentrum verlieren, rücken andere Dinge in die Mitte: Formen, Traditionen, Stilfragen, Menschliches und vieles mehr.

Ja, eine Kirche, in der Gott nicht angebetet wird, verliert ihre Mitte!

Anbetung – ein Problem?

Nun könnten wir sagen: Wir können die Sache bewenden lassen. Wir sind uns einig, dass Anbetung wichtig ist. Wir haben ein paar Grundlagen zum Thema »Anbetung« gelegt und jetzt müsste alles geklärt sein.
Doch wenn ich in den Gemeindealltag schaue, beobachte ich, dass dann die Probleme oft erst beginnen. Vielleicht haben die meisten begriffen, dass Anbetung nichts Schlimmes ist und durchaus zum Gottesdienst dazugehört. Doch damit sind nicht alle Fragen geklärt, sondern neue spannende Themen tun sich auf, denen ich in diesem Kapitel nachgehe.

Anbetung und Musik

Im Gemeindealltag begegnet mir das Thema »Anbetung« in der Regel im Zusammenhang von Liedern und Musik. Wir haben gerade festgestellt, dass der Begriff »Anbetung« mehr beinhaltet als das Singen von Liedern. Trotzdem gibt es natürlich einen engen Zusammenhang zwischen der Anbetung und der musikalischen Gestaltung unserer Gottesdienste. Es ist eine alte Erfahrung, dass Singen eine andere Tiefe hat als Reden. Es gibt Situationen, da können wir einfach nur noch singen. Deshalb war das Singen und die Musik seit jeher ein Markenzeichen der christlichen Gemeinde. Es ist also nicht verwunderlich, dass ein enger Zusammenhang zwischen Anbetung und Musik besteht.

»Wir machen jetzt auch Anbetung!« So sagen es mir viele Gemeinde- und Jugendleiter mit stolzgeschwellter Brust. Damit meinen sie dann in der Regel einen 20-30-minütigen Liedblock, der jetzt die wöchentliche Zusammenkunft ziert. Da ich durch meinen Beruf in die unterschiedlichsten Gemeinden komme, erlebe ich hier die tollsten Dinge. Ich vergesse nicht, wie ich in einen Jugendkreis zu einem offenen Abend eingeladen war. Der Jugendkreisleiter bereitete

mich vor und bat mich inbrünstig, in meiner Ansprache auf jegliches fromme Vokabular zu verzichten, da man sehr viele Nichtchristen erwartete. Außerdem lud er mich zu einer Anbetungszeit ein, die vor dem Abend angesetzt war. Als ich dann ankam, erlebte ich ein Wechselbad der Gefühle. Die »Anbetungszeit« war für mich eine einzige Katastrophe. Obwohl nur ca. 15 Leute im Raum waren, mussten die Band und der »Worshipleiter« mit voller Beschallung agieren. Das war selbst für einen altgedienten Rockmusiker wie mich eine Nummer zu viel. Der »Worshipleiter« stand direkt vor der Leinwand mit den Liedfolien, sodass auch garantiert niemand den Text lesen konnte. Die 15 Personen waren im ganzen Raum verstreut und irgendwie machte jeder offensichtlich für sich »Worship«.
Natürlich maße ich mir nicht an zu urteilen, ob die Leute es ernst gemeint haben. Ich gehe davon aus. Aber dieses Erlebnis hat mir einmal mehr gezeigt, wie spannend es ist, wenn wir Anbetung musikalisch gestalten. Und es hat mir gezeigt, dass das Thema »Anbetung und Musik« sehr viel mit Einfühlungsvermögen und Liebe zu tun hat.

Ein weiteres Erlebnis, das mir eindrücklich in Erinnerung geblieben ist, hängt mit einer internationalen Konferenz zusammen, die ich besuchte. Die Anbetungszeit wurde von einem Sänger geleitet, der u.a. mit Billy Graham unterwegs war. Nun kann man über Geschmack immer streiten. Aber ich konnte mich des Eindrucks nicht erwehren, dass es das erklärte Ziel des Sängers war, den gemeinsamen Gesang nach Möglichkeit im Keim zu ersticken. Ich bin ein geduldiger Mensch, der gerne singt und Anbetungszeiten schätzt. Aber nach dem zweiten oder dritten Lied kapitulierte ich, denn es war unmöglich, zu diesem Gesang zu singen, der immer wieder die Überraschung suchte und einem das Lied im Halse ersticken ließ.

Warum erzähle ich das? Ich möchte hier niemanden an den Pranger stellen. Aber diese beiden Beispiele verdeutlichen – wenn auch etwas karikiert – die Spannung, die in der Verbindung »Musik und Anbetung« liegt. Hier scheiden sich oft auch in den Gemeinden die Geister. Viele Konflikte in den Gemeinden haben mit Stilfragen zu tun. Und dazu gehört auch die Gestaltung von Anbetungszeiten.

Anbetung als Musikstil?

Für viele Christen ist »Anbetung« ein Musikstil. Musikalisch verbinden sie damit sanfte Popmusik aus den achtziger Jahren. »Wir machen jetzt auch Anbetung!« Hinter dieser Aussage verbirgt sich oft die Tatsache, dass nun bestimmte Lieder im Gottesdienst gesungen werden, die klingen, als wären sie den achtziger Jahren entsprungen. Doch wir haben oben festgestellt, dass Anbetung keine Frage des Musikstils ist, sondern eine Frage des Lebensstils. Es ist eine Herzensangelegenheit. Es geht um das, was mich zutiefst bewegt. Doch weil das, was uns auf dem Herzen brennt, in unserem Leben nach außen dringt, brauchen wir Wege, es auszudrücken. Und ein wunderbarer Weg dazu ist zweifelsfrei die Musik in ihrer ganzen stilistischen Vielfalt. Wir haben einen bunten Blumenstrauß an Möglichkeiten, wie wir Gott anbeten können. Hier ist unsere ganze Kreativität gefragt. Das überrascht nicht, haben wir es doch mit dem »Kreator« höchstpersönlich zu tun. Doch leider wird die Vielfalt der Musikstile in unseren Gemeinden oft mehr als Problem gesehen denn als Reichtum.

Auch wenn das Thema »Musik in der Gemeinde« nicht mehr so heiß diskutiert wird wie vor einigen Jahren, so merken wir, dass wir in dieser Frage in unseren Gemeinden doch oft auf einem Pulverfass sitzen. Wir versuchen, in einer Art unausgesprochenem Waffenstillstand die musikalischen Stilfragen durch Kompromisse ruhig zu halten. Doch ich meine, dass wir damit auf Dauer nicht leben können.

Ein Wort an die Leiter

Ein Gespräch mit zwei älteren Mitgliedern der Willow-Creek-Gemeinde in Chicago hat mich sehr bewegt. Wir hatten gerade gemeinsam einen Gottesdienst besucht, der viele Gemeinden in Deutschland aufgrund seiner progressiven Musik sehr herausfordern würde. Ich fragte sie, wie sie denn mit dem Musikstil klarkämen, der in Willow Creek gemacht wird. Die beiden Mitarbeiter erzählten mir, dass es nicht ihr Musikstil sei, den sie da im Gottesdienst Sonntag für

Sonntag hörten. Aber sie waren überzeugt davon, dass er der richtige Musikstil ist, um Menschen am Anfang des 21. Jahrhunderts zu erreichen und zu unterstützen, ihrem Glauben Ausdruck zu verleihen. Diese Weite begegnet mir in Gemeinden leider sehr selten. Mit guten geistlichen Argumenten versucht jeder zu untermauern, warum sein Musikstil nur der einzig richtige für den Gemeindegottesdienst ist.

Die Versuchung ist groß, dass wir die Frage des Musikstils in unseren Gemeinden so lange wie möglich ausklammern. Ich bin überzeugt davon, dass wir auf Dauer Menschen verlieren, wenn wir diese Frage nicht aktiv aufgreifen und behandeln. Wie gesagt: Anbetung ist kein Musikstil, aber jeder Mensch sucht Ausdrucksformen, um Gott anzubeten. Und diese Formen ändern sich und können sehr unterschiedlich sein. Egal wie sich unser Gemeindeleben und unser Gottesdienst gestaltet, wir werden nie Kirche für alle sein können. Das hängt auch mit stilistischen Festlegungen zusammen. Wenn wir uns aber mit der Frage des Musikstils nicht aktiv befassen, schließen wir automatisch die aus, die sich nicht wehren können, weil sie schlicht und einfach nicht da sind. Und oft setzt sich dann eine lautstarke Minderheit durch, die die Gemeinde im Griff hat und ihren Stil durchzieht.
Ich plädiere nicht für eine bestimmte Stilrichtung, die sich in einer Gemeinde durchsetzen muss, halte es aber für zwingend notwendig, dass wir uns der Frage und den damit verbundenen Herausforderungen stellen.

Ich finde es so fantastisch, dass wir Gott in stilistischer Vielfalt anbeten können. Deshalb glaube ich, ist es sehr wichtig, dass Gemeindeleiter und Verantwortungsträger an dieser Stelle Vorreiter und vielleicht auch Versöhner sind, besonders dann, wenn Stilfragen Menschen, Menschengruppen und auch Gemeinden spalten.
Ich glaube, dass es unsere Aufgabe ist, neue gute Lobpreis- und Anbetungslieder mit einem jahrhundertealten Schatz von Anbetungsliedern zusammenzubringen. Für beides müssen wir Verständnis wecken und beides müssen wir pflegen.

Es ist eine interessante Entdeckung, dass momentan in Teilen der charismatischen Bewegung Choräle wieder entdeckt werden. Wo viele unserer bekannten moderneren Anbetungslieder ihren Ursprung haben, entdeckt man neu den Schatz der alten Kirchenlieder.
Wir müssen Menschen gewinnen für die Vielfalt, in der man Gott anbeten und loben kann. Das wird eine wichtige Aufgabe für die Leiter der nächsten Jahre sein.

Die Worship-Welle (Anbetung als Modeerscheinung)

Anbetung ist keine Modeerscheinung. So habe ich es oben behauptet. Und das ist so. Anbetung ist vom Eigentlichen her keine Modeerscheinung. Trotzdem erleben wir derzeit einen »Anbetungsboom«, wie wir ihn lange nicht hatten. Insofern ist die Art und Weise, in der Anbetung momentan verhandelt und zum Teil auch vermarktet wird, doch auch eine Modebewegung.
Inzwischen werden die ersten Fragen laut: »Was kommt eigentlich, wenn die Anbetungswelle vorüber ist? Ist es dann mit der Anbetung vorbei?«
In den USA werden jährlich rund 2.000 CD-Produktionen zum Thema »Anbetung« veröffentlicht. 2.000 – in Worten: zweitausend! – CDs, die auf dem Musikmarkt erscheinen, drehen sich um Anbetungsmusik. Dass das nicht alles toll sein kann, ist selbstredend. Da muss eine große Menge an Produktionen dabei sein, auf die man getrost verzichten könnte. Ein Grund dafür, warum derzeit diverse Schnellschüsse produziert werden, ist auch klar: Sie werden gemacht, weil es der Markt momentan hergibt. Worship ist in den USA derzeit ein lukratives Geschäft. Es ist ein richtiger Markt entstanden, der sich keineswegs auf das christliche Lager beschränkt. Lobpreis ist »in«. Und wenn etwas »in« ist, versuchen viele geschäftstüchtige Menschen, damit Gewinn zu machen. So entsteht viel Mittelmäßiges, aber auch manches Wertvolle, das es zu entdecken gilt.

■ Musik – ein »Werttransport«

Das englische Wort »worship« setzt sich zusammen aus den Worten »worth« (Wert) und »ship« (Schiff). Es beschreibt also einen »Werttransport« der ganz besonderen Art. Mit einem »worthship« wurden wertvolle Dinge transportiert. Im übertragenen Sinne geht es genau darum: Ich suche ein Gefährt, das dieses Wertvolle, diesen kostbaren Schatz, diese wertvolle Fracht transportiert. Ich suche ein Transportmittel, das die Aussagen der Anbetung zu Gott bringt. Daraus ergibt sich, dass Worship auch etwas mit Qualität zu tun hat. Für Gott ist das Beste gut genug. Das führt uns zu einem weiteren Spannungsfeld:

■ Die Wiederentdeckung der Anbetung und das Qualitätsproblem

Durch die Anbetungswelle gibt es eine wahre Liederschwemme. Unzählige Lieder sind entstanden. Vieles davon ist Mittelmaß. Oft lässt die musikalische Qualität zu wünschen übrig und in den Texten wurden offensichtlich einige Aussagen per Zufallsgenerator aneinander gewürfelt. Wir haben ein Qualitätsproblem. Das bedeutet für mich, dass wir nicht alles bedenkenlos schlucken, was uns geboten wird. Sachliche Kritikfähigkeit ist gefragt. Theologisches Denken muss – trotz aller künstlerischen Weite – auch nicht vor Liedern Halt machen. An dieser Stelle muss es meines Erachtens unbedingt zu einer engeren Verzahnung von musikalischem Schaffen und theologischem Arbeiten kommen. Das würde beide Bereiche enorm befruchten. Wir haben zudem eine hohe Verantwortung, weil Lieder stärker prägen als wir denken. Wenn es in unseren Liedern nur darum geht, dass wir uns wertvoll fühlen und Gott uns annimmt, egal was wir tun, dann prägt das das Leben unzähliger Christen. Ich verzichte hier bewusst auf konkrete Liedbeispiele, aber ermutige ausdrücklich dazu, einmal dem nachzugehen, wie sich das Wechselspiel zwischen Theologie und Liedtexten in unseren Gemeinden und Jugendarbeiten in den letzten Jahren gestaltet hat.

Man muss an dieser Stelle allerdings deutlich sagen, dass auch die Geschichte nicht nur musikalische und inhaltliche Glanzlichter hervorgebracht hat: Den wenigen Liedern, die wir im Gesangbuch überliefert haben, steht eine Unzahl von Liedern entgegen, die in den vergangenen Jahrhunderten entstanden sind. Allein in der Anfangszeit des Pietismus wurden rund 10.000 Lieder komponiert, von denen uns heute nur ein kleiner Bruchteil überliefert ist. Alle anderen Lieder waren für kurze Zeit aktuell und verschwanden dann ganz schnell wieder von der Bildfläche. So wird es auch mit vielen Liedern geschehen, die wir heute singen.

Das Qualitätsproblem in der neueren Anbetungsmusik hat aber – neben der Liederschwemme – auch eine andere Ursache:
Die Entstehung der neueren Anbetungslieder hat ihre Wurzeln in der Laienbewegung der Kirchen. Sie ist – musikalisch gesehen – eine Reaktion auf die welt- und gemeindefremde Kirchenmusik, die zum Teil bis heute die Oberhand in manchen Gemeinden behalten hat. Menschen in Gemeinden haben neu die Sehnsucht verspürt, ihren Glauben und ihre Hingabe an Gott in Liedern auszudrücken. So sind Lieder entstanden, die teilweise von überschaubarer Qualität gekennzeichnet waren; dafür aber von einer ernsten und echten Sehnsucht nach Anbetung und Hingabe.

Aus diesen Entwicklungen lassen sich unterschiedliche Schlüsse ziehen: Ich kann sie vom hohen Ross der Kunstmusik herab belächeln und schlechtreden, wie es leider immer noch geschieht. Ich kann diese Bestrebungen aber auch ernst nehmen und fördern. Ich wünsche mir, dass diese Möglichkeit in unseren Gemeinden viel mehr ins Blickfeld kommt. Wie können wir unsere Gemeindemusiker und Bands weiterbilden und ihnen helfen, dass sie die Musik als Dienst für die Gemeinde in zunehmendem Maße verbessern können? Dieses Thema steckt nach meiner Beobachtung noch in den Kinderschuhen und muss von Gemeinden dringend aufgegriffen werden. Ansonsten bringen wir uns um den Schatz neuer und aktueller Lieder, die unsere Gemeinden bereichern und unsere Anbetung anregen.

Das Gesetz des Pendels

Anbetung ist eine Modeerscheinung. Das trifft zumindest für die aktuelle Entwicklung zu. Es ist äußerst spannend, wenn man sich die Entwicklung des Themas »Anbetung« in den pietistisch geprägten Gemeinden und Kreisen anschaut. In der Entstehung des Pietismus war Anbetung ein wichtiges Thema. Viele Lieder und Berichte zeugen davon. Um die Jahrhundertwende des 19. und 20. Jahrhunderts hat die so genannte »Berliner Erklärung« und ihre Folgen dafür gesorgt, dass das Thema »Anbetung« bei vielen auf die schwarze Liste gesetzt wurde.
Als in den siebziger Jahren in charismatischen Kreisen das Thema »Anbetung« neu entdeckt wurde und neue Lieder zu diesem Thema entstanden, war die Reaktion in pietistischen Kreisen sehr verhalten bis ablehnend. Heute, einige Jahre später, hat sich das Bild grundlegend gewandelt. Mittlerweile staune ich, welche Lieder mir in Gemeinden begegnen, die vor wenigen Jahren garantiert auf dem Index standen. Wo früher aus Angst vor Neuem und Unbekanntem schnell die Warnlampe anging, werden heute in erstaunlicher Bedenkenlosigkeit Lieder gesungen, die theologisch zumindest fragwürdig sind.

Diese Beobachtung ist jedoch keineswegs ein Einzelphänomen, sondern begegnet mir in vielen Themen der Gemeinde. Es scheint, als ob der Mensch nur in Extremen denken könne.
Ein Beispiel, an dem das »Gesetz des Pendels« sehr anschaulich deutlich wird, ist der Bereich der Seelsorge und Psychotherapie. Vor noch nicht allzu langer Zeit wurden Psychologie und Psychotherapie als Werkzeuge des Bösen abgetan und aus christlichen Gemeinden verbannt. Mit dem Einzug der biblisch-therapeutischen Seelsorge wurde entdeckt, dass die Psychologie und die Psychotherapie durchaus hilfreiche Dienste leisten können im Bereich der Seelsorge und – richtig gebraucht – gute Gaben Gottes sind.
Es dauerte nicht lange, da brach in unseren Gemeinden der Seelsorgeboom aus. Wer etwas auf sich hielt, machte eine biblisch-therapeutische Ausbildung und suchte sich einen ausgebildeten Seelsorger. Ich erinnere mich sehr gut an die Aussage einer Christin, die mir aus tie-

fer Überzeugung sagte, dass sie auf alle Fälle nur einen Seelsorger akzeptieren würde, der eine biblisch-therapeutische Ausbildung hätte. Mittlerweile ist der Boom etwas abgeklungen und die ersten kritischen Stimmen werden laut. Es ist für mich nur eine Frage der Zeit, bis das Pendel wieder zur anderen Seite ausschlägt und diese hilfreichen Bereiche der Bannstrahl der konservativ geprägten Christen trifft.
So ähnlich erlebe ich es in vielen anderen Bereichen. In der Evangelisation beispielsweise war es Anfang der neunziger Jahre verpönt, einen »Aufruf zum Kreuz« zu machen. Durch ProChrist gab es 1993 einen Stimmungsumschwung und schon bald bekamen die Evangelisten wieder Mut zu einer klaren und sichtbaren Einladung zum Glauben. Mittlerweile muss sich ein Evangelist fast rechtfertigen, wenn er eine andere Form wählt. Doch auch hier werden die ersten Stimmen laut, die fragen, ob das wirklich eine hilfreiche Form ist. Wir werden sehen, was die Zukunft bringt.

Schließlich spielt dieses »Gesetz des Pendels« auch eine große Rolle, wenn es um die Art und Weise der Verkündigung und die Gestaltung unserer Gottesdienste geht. Auch hier lässt sich eine Wellenbewegung feststellen. So waren beispielsweise die Sechzigerjahre durch die politische und geistesgeschichtliche Situation geprägt von argumentativen Auseinandersetzungen. Entsprechend gestalteten sich die Predigten der damaligen Zeit. Richtig war, was sich fundiert belegen ließ. In den Achtzigerjahren gab es eine Wende in der Verkündigung. Man wollte den Menschen keine langen Predigten mehr zumuten und so galt zum Beispiel in der Jugendarbeit und besonders in der Jugendevangelisation die Devise: Predige nie länger als sieben Minuten! Die Gestaltung der Gottesdienste musste ansprechend, kreativ und unterhaltsam sein. Die »richtige Lehre«, die bis dahin eine zentrale Rolle spielte, trat in den Hintergrund. Stattdessen wurde das Evangelium in mundgerechten Häppchen serviert, um niemanden abzuschrecken.
Derzeit erleben wir gerade in der Jugendarbeit eine Wende. Predigten können fast beliebig lang sein und die Gestaltung von Veranstaltungen reduziert sich auf einige wenige Elemente. Entscheidend ist nur, dass alles »echt« ist. »Authentizität« heißt das gerne gebrauchte Fremdwort dazu.

Diese Pendelbewegung spiegelt sich auch in den Inhalten der Lieder wider, die in den Gemeinden und Jugendarbeiten gesungen wurden. Die offiziellen und heimlichen Christival-Hymnen geben die Entwicklung sehr gut wieder. 1974 hieß es noch »Gott lädt dich ein zu seinem Fest«. Es war eine lehrreiche Hymne, die zu einem missionarischen Leben einlud, die Manfred Siebald schrieb. 1988 hieß das offizielle Christival-Lied »Dass dein Wort in meinem Herzen starke Wurzeln trägt«. Der heimliche Hit war aber das Lied »So ist Versöhnung« (aus dem Josef-Musical), das in bildreicher Weise in mehr oder weniger sinnigen Sprachbildern die »Versöhnung« besang. 1996 hieß das offizielle Christival-Lied »Komm, folge Jesus«. Doch der eigentliche Hit, der damit auch die Gefühlslage der jungen Christen zum Ausdruck brachte, war »Feiert Jesus«. 2002 schließlich gab es das Lied von Judy Bailey »Jesus first«, das das Christival-Motto aufnahm und eine neue Entwicklung zu einer Auseinandersetzung mit dem Anspruch Jesu andeutete, hingegebenes Christsein zu leben.
Dieses »Gesetz des Pendels«, das besagt, dass der Mensch offensichtlich nur in Extremen denken kann, wird auch vor dem Thema »Anbetung« nicht Halt machen. Dann wird sich zeigen, wie ernst es uns damit ist, wenn die Worship-Welle abebbt und das Thema aus dem Rampenlicht verschwindet. Umso wichtiger ist es, dass die Anbetung einen festen Platz in unseren Gemeinden und in unserem Leben findet.

Das Wohlstandsphänomen

Ein weiteres heißes Eisen im Zusammenhang mit dem Thema »Anbetung« ist der Zusammenhang zwischen Anbetung und Wohlstand.
Wir leben in einem Land, in dem es uns enorm gut geht. Wir leben in unbeschreiblichem Reichtum und klagen auf hohem Niveau, trotz aller aktuellen Probleme. Auch als Christen geht es uns gut und wir haben in der Regel nichts zu befürchten. Wir müssen nicht mit unserem Leben für unseren Glauben einstehen und haben auch ansonsten wenige Nachteile.

Seit einiger Zeit stolpere ich in vielen Anbetungsliedern über einige steile Aussagen: »Ein Leben gegeben für den Herrn der Welt« – »in jeglicher Lage dich preisen, mein Herr« – »Nichts will ich mehr, als dir zu dienen« – »ich lebe nur für dich« – »Lass mich ein lebendiges Opfer für dich sein«. Bei vielen der Aussagen muss ich schlucken. Ich kann sie nur zaghaft singen.
Ich frage mich, welche Konsequenzen diese Aussagen für mein Leben in Deutschland haben. Ich kann mich des Eindrucks nicht erwehren, dass Lieder mit diesen Aussagen zugenommen haben in dem Maße, in dem wir nichts zu befürchten haben und unser Leben gutbürgerlich leben.
Kann es sein, dass die Art und Weise der Anbetung, wie wir sie derzeit vorfinden, ein Wohlstandsphänomen ist? Mir begegnen zumindest sehr wenige Lieder, in denen die Anbetung aus tiefen Leidens- und Grenzerfahrungen kommt.
Nicht dass ich mich nach dem Leiden sehnen würde. Ich freue mich an der Freiheit, die wir haben und bin Gott von Herzen dankbar dafür. Aber bei aller Anbetung und allen aufopferungsvollen Aussagen bleibt für mich trotzdem der Eindruck bestehen, dass wir manche Aussagen nur deshalb so inbrünstig und radikal singen, weil wir ihre Konsequenzen nicht wirklich zu befürchten brauchen.
Zudem drehen sich erstaunlich viele Lieder um »meinen Jesus und mich«. Anbetung in der Bibel hat einen weiteren Horizont. Die tiefste Anbetung findet dort statt, wo Menschen sich an der Grenze ihres Lebens bewegen. Dazu gehören sowohl das Buch der Offenbarung, der Brief an die Hebräer (Hebr. 1,3-13) wie auch die Antworten Hiobs auf das Reden Gottes (z.B. Hiob 42).

Worship und Evangelisation

Wenn ich als Evangelist unterwegs bin, kommt es in den Vorbereitungen immer wieder zu einer Frage: Sollen wir im Rahmen der Evangelisation Anbetungslieder singen oder nicht?
Ich erinnere mich an eine Jugendevangelisation, in der die Band einige Lob- und Anbetungslieder ausgewählt hat, um sie mit den

Besuchern gemeinsam zu singen. Als sie an einem Abend davon sangen, dass wir als Christen eine himmlische Waffenrüstung bekommen haben, mit der wir das Land erobern sollen und die Schlacht dem Herrn gehört, fragte ich die Musiker anschließend, wie wohl ein solches Lied auf einen Menschen wirkt, der sich bis dahin kaum mit dem christlichen Glauben beschäftigt hat. Aus meiner Sicht ist es gerade nach dem 11. September und den damit verbundenen Folgen ein sehr sensibles Thema, wenn Kampfbilder mit dem christlichen Glauben in Verbindung gebracht werden. Die Band war überrascht über meine Nachfrage und hatte sich darüber bisher keine Gedanken gemacht.

Ich meine, dass wir in der Evangelisation sehr behutsam mit Anbetungsliedern umgehen müssen. Viele Menschen sind damit schnell überfordert und bekommen die Aussagen in den falschen Hals. Außerdem führen wir manche Besucher dazu, zu lügen, da sie Aussagen singen sollen, die sie so bisher nicht machen würden.
Wir müssen also sehr gut überlegen, welche Lieder wir mit Menschen singen, die bisher keine Christen sind. Wenn wir das beachten, kann es durchaus sein, dass Menschen fasziniert davon sind, wie Christen Gott anbeten. Denn die Sehnsucht, Gott anzubeten, schlägt in jedem Herzen!

Anbetung – eine Perle!

Einleitung

Eine besondere Bewegung innerhalb des Pietismus war die Herrnhuter Brüdergemeine – bekannt durch die »Losungen« –, die von dem Grafen Nikolaus Ludwig Graf von Zinzendorf 1722 neu begründet wurde. Gegen diejenigen, die das Christentum als eine ernste und trübsinnige Angelegenheit missverstanden, betonte man in Herrnhut »die Freude am Herrn«. Zinzendorf sagte: »Die Pietisten gehen den Weg, den wir tanzen!« Der folgende Bericht beschreibt einen Besuch Johann Wolfgang von Goethes in der Versammlung einer Brüdergemeine:

»Auf einer Empore des Betsaales hatte man für die Gäste Armsessel bereitgestellt. Im Dunkel der Loge geborgen, konnten sie ohne zu stören dem Gottesdienst folgen. Im kerzenerhellten Saal war die Gemeine, nach Geschlechtern und Chören getrennt sitzend, zum Liebesmahl versammelt. Diese Feier versinnbildlichte nach Art der urchristlichen Liebesmahle die irdische Tischgemeinschaft. Der jeweilige Anlass gab ihr den Inhalt, in diesem Falle der bevorstehende gemeinsame Genuss himmlischer Güter im Abendmahl. Der Liturgus (Gottesdienstleiter), erhöht hinter einem grün verhangenen, jetzt weiß gedeckten Tischchen sitzend, stimmte den Gesang an, und die Gemeine fiel sofort ein: ›Geht, werft euch vor die Majestät, des Königs der Liebe, der euch mit Gnad entgegengeht, ihr meiner Seelen Triebe. Ihn, den man hier nicht sehen kann, blickt mit des Glaubens Augen an.‹ Vers reihte sich an Vers. Alle handelten sie von dem gnadenvollen Umgang des Heilandes mit der Seele. Sie waren den verschiedensten Liedern entnommen, sodass die Melodien, vom Organisten geschickt moduliert, in Tonart und Charakter wechselten. Chorgesang, von Violinen und Flöten begleitet, und Worte der Schrift, vom Liturgen verlesen, unterbrachen den Gesang der Gemeine. Gelegentlich wurden ein Vers oder einige Verszeilen nur von den Brüdern oder nur von den Schwestern gesungen, um die Inhalte deutlicher zu kennzeichnen. Am erstaunlichsten

aber erschien es den Gästen, dass diese Liederverse von einem jeden gewusst und darum aus dem Gedächtnis gesungen wurden. Zwischen den Reihen der Singenden aber trugen Schwestern ... Tabletts und reichten Tee und Gebäck. Entsprechend geschah es in den Bänken der Brüder durch Brüder. (Es folgt eine Beschreibung des Abendmahls.)
Nach dem Genusse des Kelches aber erhob sich die Gemeine und gelobte singend: ›Die wir uns allhier beisammen finden, schlagen unsre Hände ein, uns auf Deine Marter zu verbinden, Dir auf ewig treu zu sein‹, indem ein jeder während des Singens dem Nachbarn die Hand reichte. Und dann klang die Feier aus in Gesängen, in denen sehnsuchtsvoll und doch zuversichtlich in verhaltenem Jubel die Hoffnung auf die Wiederkunft des Herrn und die endgültige Vereinigung der Gemeine mit ihm auftönte.«[3]

Aus dieser Schilderung Goethes klingen Faszination und Respekt vor der Art und Weise, wie die Christen in Herrnhut Gottesdienst feierten. Obwohl Goethe nur Beobachter dieses Gottesdienstes war, spürte er etwas von der Faszination des Gottesdienstes und der damit verbundenen Anbetung.
Obwohl sich Goethe ganz offensichtlich als Außenstehender erlebte und die Gesänge, im Gegensatz zu den Gemeindegliedern, nicht auswendig konnte, erlebte er das nicht abstoßend, sondern attraktiv. Er ahnte, dass die Anbetung Gottes eine echte Perle ist und erahnte etwas von der anderen Dimension, die damit ins Spiel kommt.

Anbetung kann ein Problem sein. Zumindest dann, wenn es um die konkrete Gestaltung geht. Aber weit über dem steht: Anbetung ist eine Perle. Anbeten zu können ist ein großartiges Geschenk Gottes und ein Vorrecht des Menschen. Tiere können nicht anbeten. Gegenstände können nicht anbeten. Aber der Mensch hat die Möglichkeit, Gott anzubeten. Das macht den Menschen zum Menschen. Leider machen von diesem Unterschied heute verhältnismäßig wenig Menschen Gebrauch. Somit bringen sie sich um die tiefste Glückserfahrung des Menschseins, wie die folgenden Abschnitte zeigen werden.

---

[3] Jannasch, Hans Wildehinde: Herrnhuter Miniaturen, 1. Auflage Lüneburg 1947, Nachdruck Hamburg 1976, S. 61 (angepasst in neuer Rechtschreibung)

Anbetung und Dienst

In der Bibel sind zwei Begriffe sehr eng miteinander verbunden. Es sind die Begriffe »Anbetung« und »Dienst«. Beide Themen sind durch das Prinzip der Hingabe miteinander verbunden. In unserem Begriff »Gottesdienst« klingt beides an.

In Römer 12,1 schreibt Paulus:
»Ich ermahne euch nun, liebe Brüder, durch die Barmherzigkeit Gottes, dass ihr eure Leiber hingebt als ein Opfer, das lebendig, heilig und Gott wohlgefällig ist. Das sei euer vernünftiger Gottesdienst.«[4]

Paulus ermahnt uns, dass wir uns ganz hingeben sollen als ein Opfer, an dem Gott seine Freude hat. Paulus spricht davon, dass diese Art, Gottesdienst zu feiern, die logische Konsequenz ist aus dem, was wir von Gott erfahren haben. Deshalb steht dieser Satz genau an der Nahtstelle des Römerbriefes, an der Paulus von seinem großen Thema »Die Rechtfertigung des Sünders allein aus Glauben« hinüberschwenkt zur Frage, welche Konsequenzen diese Erkenntnisse nun auf das Leben eines Christen haben.
Man könnte auch sagen: Sich Gott ganz hinzugeben im Gebet und Dienst, ist vernünftige Anbetung.

Ein Gottesdienst ist ein Ort der Anbetung und des Dienstes. Wir *feiern* Gottesdienste. Wir halten sie nicht nur ab. Wir sitzen sie nicht ab. Wir kommen nicht einfach zusammen wie bei einer Besprechung, sondern wir feiern Gottesdienste. Wir geben uns dem Herrn hin, der sich für uns ganz hingegeben hat.
Wir kommen an diesem Ort der Anbetung zusammen, um den Herrn der Welt, den Schöpfer aller Dinge, anzubeten und uns ihm neu hinzugeben für unser alltägliches Leben.

Wenn wir die Psalmen lesen, die das gottesdienstliche Leben Israels entscheidend prägten, dann bekommen wir eine Ahnung, wie Anbetung und Dienst miteinander verbunden wurden. Die Gottesdienste

[4] Zitiert nach Luther '84.

gaben Ermutigung, Korrektur und Kraft für den Alltag. In einer amerikanischen Gemeinde las ich das Schild über dem Ausgang: »Jetzt beginnt der Gottesdienst.« Damit ist hervorragend beschrieben, wie Anbetung und Dienst zusammengehören. Anbetung Gottes führt uns nicht von der Welt weg, sondern in die Welt hinein.

In Psalm 27 beschreibt David, wie er selbst die Gottesdienste im Tempel erlebt und was sie ihm bedeuten: »Eines bitte ich vom Herrn, das hätte ich gerne: Dass ich im Hause des Herrn bleiben könne mein Leben lang, zu schauen die schönen Gottesdienste des Herrn und seinen Tempel zu betrachten.«[5]

Offensichtlich waren die Gottesdienste für David eine Oase. Er hat sich offensichtlich am Montag schon gefreut, dass er am Ende der Woche wieder hinkommt, um in dieser Gemeinschaft Gott zu loben, um zu singen, anzubeten und Kraft zu tanken für seine Regierungsgeschäfte. David wollte im Gottesdienst einen kleinen Einblick in den Himmel bekommen, um gestärkt zu werden für die Niederungen des Alltags.

Ich finde es wunderbar, dass David hier von dem »schönen Gottesdienst« schreibt. Ich weiß nicht, ob es Ihnen auch so geht, dass Sie am Montag sagen: »Ich sehne mich danach, dass es endlich wieder Sonntag ist, um den schönen Gottesdienst in unserer Gemeinde zu erleben.«

In der Aussage Davids steckt eine große Sehnsucht. Es ist keine Sehnsucht nach Weltfremdheit. Es ist die Ur-Sehnsucht nach Anbetung. Er sehnt sich nach diesem Ort, an dem er Gott anbeten kann. Dass das kein Ort im räumlichen Sinne sein muss, wissen wir durch das Gespräch Jesu mit der Frau am Jakobsbrunnen. Es geht nicht um den Ort, einen bestimmten Berg, um jenen oder diesen Musikstil, noch um ein bestimmtes Gebäude. Es geht darum, dass wir den Vater im Himmel im Geist und in der Wahrheit anbeten. Solche Anbeter sucht Jesus. Doch es ist umso schöner, wenn unsere Gottesdienste Orte sind, wo genau diese Anbetung geschieht.

---

[5] Zitiert nach Luther '84.

Anbetung macht Sinn

Ich fahre mit meinen Kindern gerne in Vergnügungsparks. Vor einiger Zeit war ich mit ihnen gemeinsam in Disneyland. Der Slogan am Eingang verrät die Philosophie: »The happiest place on earth« (Der glücklichste Ort der Welt). Wenn man erst einmal die Schwelle des horrenden Eintrittspreises gemeistert hat, dann erlebt man, was damit gemeint ist: Überall kommt sanfte Musik aus versteckten Lautsprechern. Die Menschen sind freundlich. Die Botschaft ist unmissverständlich: Alles ist dazu da, damit du Spaß hast! Und man kann wirklich eine Menge Spaß haben.
Doch was passiert, wenn man die Philosophie von Disneyland auf die Welt überträgt? So tun es viele Menschen. Sie leben in der irrigen Annahme: Das ist alles dazu da, dass ich Spaß habe. Und wenn ich keinen Spaß habe, dann tue ich Dinge eben nicht oder versuche zumindest, den Spaßfaktor dabei zu erhöhen. Disneyland ist ein guter Spiegel, wie viele Menschen die Welt verstehen. Sie übertragen das Motto von Disneyland auf ihren Alltag und meinen, dass sie damit das große Glück finden würden. »Was habe ich davon?« – das ist für viele die entscheidende Leitfrage. Sie meinen, dass sie auf diese Weise möglichst viel Sinn erfahren könnten.

Wenn wir nun in die Bibel schauen, entdecken wir, dass Gott den Spieß umdreht. Dort finden wir nicht das Lustprinzip, sondern das Prinzip der Hingabe. Ich finde den Sinn in meinem Leben nicht durch einen möglichst hohen Spaßfaktor, sondern durch Hingabe. Und diese Hingabe vollzieht sich in der Anbetung.

Vom Kirchenvater Augustinus ist bekannt, dass er einen ziemlich gefürchteten Lebensstil hatte. Er wollte alles mitnehmen und möglichst glücklich werden. Dabei manövrierte er sich immer mehr ins Unglück. Seine Mutter begleitete dieses Treiben im Gebet und so geschah es eines Tages, dass Augustinus sein Leben in Gottes Hand legte und plötzlich erlebte, worum er sich all die Jahre vergebens bemühte: tiefes Glück und tiefen Frieden. Später brachte Augustinus das in einem seiner bekanntesten Zitate zum Ausdruck: »Unser Herz ist unruhig, bis es Ruhe findet in dir, o Gott.« Erst die Umkehr zu Gott brachte ihm diese tiefe Sinnerfahrung, die er lange Jahre vergeblich suchte.

Anbetung gibt unserem Leben Sinn. Anbetung ist eine tiefe Sinn-Erfahrung. Ich erlebe das, wofür ich von Gott geschaffen bin. Wenn in meinem Leben das, was ich tue, zusammenkommt mit dem, wofür ich gemacht bin, dann ist es das Optimale, was ich an Sinn in meinem Leben erfahren kann. Ich bin das Gegenüber Gottes und Anbetung gestaltet sich in dieser persönlichen Begegnung von Angesicht zu Angesicht mit Gott. Ich kann Gott begegnen. Ich kann Gott in die Augen schauen. Was für ein Vorrecht! Was für eine Perle!

Für manche mag es paradox erscheinen, aber es ist das Geheimnis des Glaubens: Ich finde meinen Sinn nicht, indem ich nehme, sondern indem ich mich hingebe an meinen Schöpfer. Jesus hat es so ausgedrückt: »Denn wer sein Leben erhalten will, der wird's verlieren; wer aber sein Leben verliert um meinetwillen, der wird's finden«[6] (Mt. 16,25).

Anbetung als Kompass im Alltag

»Die Anbetung ist der Weg zur Freiheit und die Erziehung zur Anbetung der heilsamste Dienst am Menschen.« So formulierte es der Jesuitenpater Alfred Delp, der im Dritten Reich von den Nazis verhaftet, zum Tod verurteilt und am 2. Februar 1945 in Berlin hingerichtet wurde.

In seiner Gefangenschaft schrieb er eine Interpretation des »Vater Unsers«. Darin schreibt er: »Der personale Gott ist der Gott des Lebens. Erst im Dialog mit ihm tritt der Mensch in seinen wirklichen Lebensraum ein. Hier lernt der Mensch die Grundwerte seines Wesens: Anbetung, Ehrfurcht, Liebe, Vertrauen. Alles im Leben, was unterhalb dieses Dialoges bleibt, es mag mit noch so viel Eifer und Ernst und Hingabe unternommen sein, bleibt unfertig, auf die Dauer unmenschlich.«[7]

[6] Zitiert nach Luther '84.

[7] Delp, Alfred: Im Angesicht des Todes, 1. Auflage Frankfurt a. M. 1947, S. 120

Weil dem so ist, ist die Anbetung ein Thema, das mitten in den Alltag unseres Lebens hineingehört. Die echte Anbetung Gottes hat Auswirkungen auf unseren Alltag in allen Lebensbereichen. Sie ist ein Kompass im Alltag, der uns immer wieder auf die richtige Spur bringt. Gerade weil sich in den Herausforderungen unseres Lebens immer wieder andere Götter in den Mittelpunkt spielen und uns auf andere Fährten locken, ist es wichtig, dass wir uns von Jesus immer wieder »einnorden« lassen.

Die Anbetung Gottes hilft mir, die Prioritäten des Alltags neu zu setzen. Sie malt mir Jesus vor Augen, an dem ich mich ausrichten kann und der mir die Augen öffnet, wo ich mich vor dem Falschen gebeugt habe. Anbetung hilft mir, die Prioritäten des Alltags zu setzen. Deshalb ist Anbetung nicht etwas, was fernab von jeder Realität geschieht, sondern im Blick auf mein Leben. Ich verschweige meine Sorgen und Fragen nicht in der Anbetung, aber angesichts der Größe Gottes relativieren sich manche Fragen und manche kommen zur Ruhe. Vielleicht verändern sich nicht meine Herausforderungen und Probleme, aber vielleicht verändert sich meine Sicht der Dinge. Vielleicht verändere ich mich durch die Begegnung mit Gott.

Anbetung ist wichtig für die Ausrichtung meines Alltags. Im Dschungel der Lebensangebote, Meinungen und Werte brauche ich Jesus, vor dem ich mich beugen und dem ich gehorchen kann. Letzten Endes ist die Anbetung Gottes der einzige Garant für echte Freiheit, wie Alfred Delp es beschreibt:

»Brot ist wichtig, wichtiger noch ist Freiheit, am wichtigsten aber ist die ungebrochene Treue und die unverratene Anbetung.«[8] Ihn dorthin zu führen, ist der wichtigste Dienst am Menschen.

Anbetung führt uns in die Tiefe

Der Vorwurf, der oft im Raum steht, wenn es um Anbetung geht – besonders dann, wenn sie mit Musik verbunden ist – lautet: »Das ist doch alles oberflächliche Phrasendrescherei! Da werden Lieder ein-

[8] Delp, Alfred: Im Angesicht des Todes, 1. Auflage Frankfurt a. M. 1947, S. 120

fach so lange gesungen, bis man sich in Trance geschaukelt hat.« Zugegeben: Einige Lieder nähren diesen Vorwurf. Immer wieder staune ich, mit welchen billigen Phrasen versucht wird, die Anbetung Gottes zum Ausdruck zu bringen. Und es stimmt auch, dass ein Lied nicht dadurch besser wird, indem man es fünfundzwanzig Mal wiederholt. Aber Anbetung als eine oberflächliche Sache abzutun, trifft die Sache nicht im Geringsten. Denn Anbetung führt uns in die Tiefe.

Das erstaunliche an manchen Aussagen, die wir tun, ist ja, dass wir sie tun, obwohl die sichtbare Realität eine andere Sprache spricht. Wir sprechen Dinge aus, die wir nicht sehen, sondern glauben. Wir bekennen Gott als den Herrn der Welt, der das Böse besiegt hat und müssen täglich mit ansehen, wie das Böse mehr und mehr um sich greift. Wir besingen Gott als die Liebe und erleben immer wieder auf grausamste Weise, wie Menschen leiden und wenig von dieser Liebe spüren. Wir sprechen von der Allmacht Gottes und erleben, wie andere ihre Macht anscheinend willkürlich und ohne Rücksicht auf Verluste ausnutzen können.

Anbetung ist ein Akt des Glaubens. Anbetung Gottes hat etwas mit Vertrauen zu tun. In der Anbetung Gottes sprechen wir Dinge aus, die eines Tages so sein werden. In der Anbetung erleben wir das, was in Hebräer 11,1 so trefflich beschrieben wird: »Es ist aber der Glaube eine feste Zuversicht auf das, was man hofft, und ein Nichtzweifeln an dem, was man nicht sieht.«[9]

Anbetung ist also keine oberflächliche Sache, sondern sie führt uns in die Tiefe des Glaubens.

Anbetung holt uns aus der Tiefe

Hiob

Als Hiob in seinem Elend sitzt und die Welt nicht mehr versteht, da ist ihm nicht zum Anbeten zumute. Seine Familie ist zerstört, seine Gesundheit ruiniert und der Ausblick in die Zukunft ziemlich düster. Anbetung ist keine Sache des Gefühls. Sie schließt unsere Gefühle

[9] Zitiert nach Luther '84.

zwar ein, aber sie hängt nicht von unseren Gefühlen ab. Deshalb kann Hiob im tiefsten Leid zu einer beeindruckenden Aussage kommen: »Der Herr hat's gegeben, der Herr hat's genommen, gelobt sei der Name des Herrn.« (Hiob 1,21) Diese Aussage ist noch keine Anbetung Gottes, aber eine Auseinandersetzung mit den unbegreiflichen Wegen, die Gott zuweilen geht. Hiob beschönigt seine Situation nicht. Er nimmt Gott nicht in Schutz, sondern er klagt Gott an. Doch gerade weil er seine Situation nicht beschönigt, sondern in die Tiefe hineingeht und sich den quälenden Fragen und dem fremd gewordenen Gott stellt, kommt er zur Anbetung. Hiob beugt sich vor der Größe Gottes (Hiob 42,1ff.), ohne dass er eine Erklärung für seine Situation bekommt. Er erfährt, dass er auch in den Abgründen seines Lebens getragen ist und erfährt, wie ihn die Anbetung Gottes aus der Tiefe holt.

Paulus und Silas

Als Paulus und Silas im Gefängnis von Philippi sitzen (Apg. 16), mit geschundenen Rücken und unsagbaren Schmerzen, da ist ihnen nicht nach Lobpreis zumute. Der Gott, dem sie dienen, hat sie nicht in eine sonntägliche Anbetungsstimmung versetzt, sondern in eine lebensbedrohliche Situation gebracht. Sie sitzen in der Tiefe des Kerkers fest. Und wieder erleben wir, was Anbetung und Lobpreis bedeuten. Auch wenn wir die Aussagen nicht kennen, die Paulus und Silas getan haben, so können wir erahnen, dass sie von Gott gesungen haben als einem, der alle Macht hat, im Himmel und auf Erden. Sie haben in der Tiefe im Glauben von dem gesungen, was einmal sein wird. In dieser Situation deutete nichts darauf hin, dass sie noch in derselben Nacht beim Gefängnisdirektor am Tisch saßen und ihm halfen, Christ zu werden. Sie haben Gott in der Tiefe ihr Vertrauen ausgesprochen und ihn angebetet. Sie haben erlebt, wie Gott sie aus der Tiefe holt.

Stephanus

Doch es gibt in der Bibel nicht nur Geschichten mit Happy End. Als Stephanus, einer der Diakone, den Juden in Jerusalem von Jesus erzählt, hat das dramatische Folgen (Apg. 7). Durch die Rede von Stephanus ist ein heißer Streit entbrannt. Die Atmosphäre ist zum Zerreißen gespannt. Stephanus besiegelt sein Todesurteil, indem er einen Blick in den Himmel tut. In der Anbetung blickt er auf Gott, den Vater, und Jesus, den Sohn. Diesen Blick bezahlt er mit seinem Leben. Doch auch in den letzten Minuten seines Lebens lässt Stephanus nicht ab von Gott. Gerade in dieser schweren Situation bleibt Jesus seine Hoffnung und sein Halt.

Vielen Christen ist es seither so ergangen. In Russland trafen sie sich während der Zeit des Kommunismus in den Wäldern, um dort heimlich Gottesdienst zu feiern. In China versammeln sich Christen bis heute in kleinen Hauskirchen. In vielen Ländern können Christen kein freies Gemeindeleben gestalten. Doch trotz aller Bedrohung lassen sie sich nicht davon abbringen, sich zu versammeln und Gott anzubeten.

Aus der Tiefe meines Herzens

Ich vergesse nicht den Augenblick, als ich am Grab unseres Jugendleiters stand. Ich war noch nicht lange Christ und dieser Jugendleiter war mir ein großes Vorbild im Glauben. Umso größer waren die Schmerzen, mitzuerleben, wie er durch eine Krebserkrankung innerhalb weniger Wochen dahingerafft wurde. Viele Fragen schwirrten mir durch den Kopf: »Wie kann Gott nur…!« Doch ich vergesse auch nicht den Augenblick, als ich am offenen Grab stand und mich plötzlich eine tiefe Freude durchströmte. Mitten in der Tiefe kamen mir aus tiefstem Herzen die Worte von den Lippen: »Jesus, du bist Sieger!«

Anbetung gehört nicht nur zu den Hochphasen unseres Lebens. Anbetung ist gerade auch in den Tiefen unseres Lebens verortet. Deshalb ist sie nicht immer einfach und hat nicht unbedingt etwas mit fröhlichen Gefühlen zu tun. Aber wir erleben, dass gerade in diesen Phasen die Anbetung Gottes zu einer echten Perle werden kann, die uns Gott auf eine ganz neue Weise nahe bringt.

Anbetung und Hoffnung

Viele Stellen, in denen es im Neuen Testament um Anbetung geht, sind in der Offenbarung des Johannes zu finden. Die Offenbarung wurde an Christen geschrieben, die von der Verfolgung hart getroffen wurden und täglich um ihr Leben fürchten mussten. Die Offenbarung ist also nicht geschrieben als detaillierter Fahrplan für die Weltgeschichte, sondern als Trostbuch für bedrängte Christen. Doch gerade in diesem Buch finden wir erstaunliche Aussagen über Jesus. Wir bekommen einen Einblick in die himmlische Welt und staunen ehrfurchtsvoll über die Größe und Gewalt Gottes und seines Sohnes Jesus.
Es ist kein Zufall, dass viele Aussagen der Anbetung einen hoffnungsvollen Unterton haben. Gerade weil wir – oftmals gegen die sichtbare Wirklichkeit – glauben und Gott vertrauen, dass er das letzte Wort hat, nimmt die Hoffnung zu. In seinem ersten Brief schreibt Petrus an die bedrängten Christen in Kleinasien:

»Gelobt sei der Gott und Vater unseres Herrn Jesus Christus, denn er hat uns in seiner großen Barmherzigkeit das Vorrecht geschenkt, wiedergeboren zu werden. Jetzt haben wir eine lebendige Hoffnung, weil Jesus Christus von den Toten auferstanden ist. Denn Gott hat für seine Kinder ein unvergängliches Erbe, das rein und unversehrt im Himmel für euch bewahrt wird. Und in seiner großen Macht wird er euch durch den Glauben beschützen, bis ihr das ewige Leben empfangt. Es wird am Ende der Zeit für alle sichtbar offenbart werden.« (1. Petrus 1,3-5)

Petrus verharmlost die Situation der Christen in Kleinasien keineswegs. Aber er malt ihnen die berechtigte Hoffnung vor Augen, die besteht, weil Jesus von den Toten auferstanden ist. Er kann Gott loben, weil die Lage zwar ernst aber nicht hoffnungslos ist.

Anbetung und Hoffnung gehören zusammen, solange diese Welt existiert. Ein Psalm Davids bringt diese spannungsgeladene Kombination sehr anschaulich zum Ausdruck:

Psalm 63

»Ein Psalm Davids aus der Zeit,
als David sich in der Wüste Juda aufhielt.
Gott, du bist mein Gott; dich suche ich von ganzem Herzen.
Meine Seele dürstet nach dir, mein ganzer Leib sehnt sich nach dir
in diesem dürren, trockenen Land, in dem es kein Wasser gibt.
Ich habe dich in deinem Heiligtum gesehen und deine Macht und
Herrlichkeit bestaunt.
Deine Gnade bedeutet mir mehr als das Leben;
dich preise ich von ganzem Herzen!
Ich will dich ehren, solange ich lebe,
und meine Hände im Gebet zu dir erheben.
Wie mit köstlichen Speisen so machst du mich glücklich,
dich will ich loben und preisen.
Wenn ich in der Nacht wach liege, denke ich über dich nach,
die ganze Nacht denke ich nur an dich.
Ich denke daran, wie sehr du mir geholfen hast;
ich juble vor Freude, beschützt im Schatten deiner Flügel.
Ich halte mich nah zu dir, denn deine rechte Hand hält mich sicher.
Die aber, die mich vernichten wollen, werden selbst in den Tiefen
der Erde verschwinden.
Durch das Schwert werden sie sterben
und zur Beute der Schakale werden.
Der König wird sich in Gott freuen und alle, die auf ihn vertrauen,
werden ihn loben, denn die Lügner müssen schweigen.«

Viele Lieder, die in Krisenzeiten entstanden sind, verbinden Anbetung mit der Perspektive der gewissen Hoffnung. Diese Lieder besingen nicht die Stärke des eigenen Glaubens, sondern die Stärke Gottes.

■ Anbetung und Kreativität

Dass Anbetung eine Perle ist, die auf unterschiedlichste Weise immer wieder glitzert, wird nicht nur in den Inhalten deutlich. Der Reichtum der Anbetung wird besonders auch in den Formen deutlich. Es gibt einen großen Schatz an Formen, Gott zu loben und anzubeten. Wenn Gott der »Kreator« ist, dann ist Kreativität eine geeignete Form der Anbetung. In der Kreativität gebe ich dem Schöpfer zurück, was er geschenkt hat. Natürlich habe ich nicht zu allen kreativen Formen einen Draht. Das hängt u.a. mit meiner Vorbildung, meinen Gewohnheiten und mit meiner Herkunft zusammen. Wenn ich zu etwas jedoch keinen Draht habe, heißt das noch lange nicht, dass es keine geeignete Form der Anbetung sein kann. Wir haben oben festgestellt, dass Anbetung eine Herzenssache ist. Anbetung zeichnet sich nicht aus durch die Anzahl der Worte, die ich mache. Anbetung kann durchaus wortlos im Herzen geschehen. Deshalb kann auch Instrumentalmusik eine mögliche Form sein, Gott anzubeten. In der Kirchengeschichte gab es immer wieder unterschiedliche Entwicklungen. Interessant ist, dass in vielen Bereichen die innovative Kraft der Kreativität ihren Ursprung in den Kirchen hatte. So war Johann Sebastian Bach ein normaler Kirchenmusiker. Das »Soli deo gloria« unter seinen Werken war keine billige Floskel, sondern Ausdruck höchster Verehrung. Viele weltbekannte Maler hatten ihre Heimat in der Kirche und auch die kühne Architektur vieler Kirchen war bahnbrechend. Die christliche Kunst war kulturschaffend. Das lateinische »Cultura« hängt mit dem Begriff »Anbetung/Verehrung« zusammen. D.h. dass eine Kultur dadurch erkennbar ist, indem man sieht, was sie anbetet.

Heute führt die christliche Kunst in vielen Bereichen leider nur ein Nischendasein. Dazu hat auch eine gewisse Kunstfeindlichkeit in der evangelikalen Bewegung der letzten Jahrzehnte beigetragen. Dass heute in vielen Gemeinden unterschiedliche Formen der Kunst wieder stärkeren Einzug gehalten haben, hat nicht immer mit tiefer Überzeugung zu tun, sondern oftmals mit der Erkenntnis, dass man ohne den »modernen Firlefanz« eben nicht auskommt.

Kreativität ist eine hervorragende Möglichkeit, Gott anzubeten. Kreativität ist ein Ergebnis der Spiritualität. Ein eindrücklicher Beleg dafür, dass wir von Gott geschaffen sind, ist unser schöpferischer Geist. Darin kommt unsere Gottebenbildlichkeit zum Ausdruck. Dieser Bereich unseres Lebens muss genauso gereinigt und geheiligt werden wie andere Bereiche auch. Aber wenn wir unsere Kreativität in Beziehung zum Schöpfer setzen, wird es ein Brunnen unerschöpflicher Möglichkeiten, Gott anzubeten.

Anbetung als christliches Markenzeichen

Zu Beginn des Buches habe ich darüber geschrieben, dass Anbetung nicht automatisch etwas Christliches ist. Die Frage im Zentrum lautet: Wen oder was bete ich an? Dennoch ist echte Anbetung etwas, das untrennbar mit dem christlichen Glauben verbunden ist. Anbetung, die zum Leben führt, ist die Anbetung des dreieinigen Gottes. Anbetung hat ihren Ursprung beim Gott der Bibel und sie wird dorthin zurückkehren – spätestens am Ende der Zeiten, wenn Gott ein Machtwort spricht.

Gott ins Gesicht schauen

Anbetung ist ein gewaltiges Vorrecht, das wir Christen nicht hoch genug einschätzen können. In der Bibel ist immer wieder die Rede davon, dass Menschen sich danach sehnen, Gott ins Gesicht zu schauen. In Psalm 42,3 heißt es z.B.: »Meine Seele dürstet nach Gott, nach dem lebendigen Gott. Wann werde ich dahin kommen, dass ich Gottes Angesicht schaue?«[10] Mose verlangt in 2. Mose 33, Gottes Herrlichkeit zu sehen. Doch Gott verwehrt ihm den Wunsch zu seinem eigenen Schutz. Zu allen Zeiten haben Menschen sich sehnlichst gewünscht, Gott zu sehen.

Was vielen Generationen verwehrt geblieben ist, das ist durch Jesus Wirklichkeit geworden. In 2. Korinther 4,6 schreibt Paulus: »Denn Gott, der sprach: ›Es werde Licht in der Finsternis‹, hat uns in unseren Herzen erkennen lassen, dass dieses Licht der Glanz der Herrlichkeit Gottes ist, die uns im Angesicht von Jesus Christus sichtbar wird.« Im Gesicht Jesu spiegelt sich die Herrlichkeit Gottes wider. Das ist das unverkennbare Markenzeichen des christlichen Glaubens: Wer Gott sucht, findet ihn in Jesus Christus. Im gekreuzigten und auferstandenen Jesus, an dem sich zu allen Zeiten Menschen

[10] Zitiert nach Luther '84.

gestoßen haben, hat Gott ein Gesicht bekommen. Paulus beschreibt dieses unbegreifliche Ereignis in einem gewaltigen Lobpreis:

»Er ist das Ebenbild des unsichtbaren Gottes, der Erstgeborene vor aller Schöpfung. Denn in ihm ist alles geschaffen, was im Himmel und auf Erden ist, das Sichtbare und das Unsichtbare, es seien Throne oder Herrschaften oder Mächte oder Gewalten; es ist alles durch ihn und zu ihm geschaffen. Und er ist vor allem, und es besteht alles in ihm. Und er ist das Haupt des Leibes, nämlich der Gemeinde. Er ist der Anfang, der Erstgeborene von den Toten, damit er in allem der Erste sei. Denn es hat Gott wohl gefallen, dass in ihm alle Fülle wohnen sollte und er durch ihn alles mit sich versöhnte, es sei auf Erden oder im Himmel, indem er Frieden machte durch sein Blut am Kreuz.«[11] (Kol. 1,15-20)

»Er ist das Ebenbild des unsichtbaren Gottes.« Ich habe keine Ahnung, wie das funktionieren soll. Aber Jesus ist es. Deshalb sehen wir in Jesus Gott leibhaftig. Wir sehen ihn, wir haben ihn vor Augen. Das ist unser Proprium, dass wir nicht irgendjemanden nebulös anbeten, sondern dass wir den Gekreuzigten, den Auferstandenen anbeten. Wir beten Jesus an und sehen in dem gekreuzigten Jesus den schönen Jesus, den Namen, der über allen Namen ist.

In den Katakomben Roms fand man eine Darstellung, auf der offensichtlich ein Christ verspottet wurde. Das Bild zeigt ein Kreuz, an dem ein Mensch mit Eselskopf hängt. Unter dem Bild steht der Satz: »Alexamenos betet seinen Gott an.« Das war offensichtlich zur Zeit der ersten Christen das Erkennungszeichen, dass sie den gekreuzigten Jesus anbeteten.
In einer anderen historischen Quelle beschreibt der Geschichtsschreiber Plinius die Christen als Menschen, die vor Sonnenaufgang aufstanden, um ihrem Herrn zu singen. Auch wenn der Inhalt der Lieder nicht bekannt ist, kann doch vermutet werden, dass es hier auch um die Anbetung Jesu ging. Das Markenzeichen der christlichen Anbetung ist Jesus selbst. Anbetung Gottes beinhaltet auch die Anbetung Jesu. Er ist das »Ebenbild des unsichtbaren Gottes«.

[11] Zitiert nach Luther '84.

■ Die Bibel als Basis und Quelle der Anbetung

Wir haben gesehen, dass Anbetung Gottes auch etwas mit Wissen zu tun hat. Ich muss wissen, wen ich anbete. Manchmal staune ich, welche Nähe manche christlichen Anbetungslieder zu irgendwelchen esoterischen Inhalten haben. Wenn wir zum Beispiel eingeladen werden, uns in Gott zu verlieren, dann ist das im eigentlichen Sinne eine buddhistische Aussagen. Wir können unser Herz an Gott verlieren, aber wir können uns nicht in ihm verlieren.

Ist das nun Kleinkrämerei? Ich meine, dass wir die Aussagen unserer Lieder und Gebete immer wieder im Lichte der Bibel betrachten sollen. Wenn Jesus das Gesicht des unsichtbaren Gottes ist, dann werde ich die wirklich wichtigen Erkenntnisse über Gott nur aus der Bibel beziehen können. Die Bibel ist Basis für meine Anbetung und auch die Quelle. Wenn ich nicht immer wieder neu in der Bibel forsche und grabe, um mehr über Gott zu erfahren, dann werden sich meine Aussagen recht schnell in irgendwelchen Phrasen ergießen. Wenn sich unsere Anbetung nicht an der Bibel orientiert, werde ich schnell in irgendwelchen Wunschbildern landen. Doch Anbetung Gottes sucht Gott, wie er ist und nicht, wie ich ihn mir wünsche. Deshalb prüfe ich meine Aussagen immer wieder im Lichte der Bibel. Und darum möchte ich mich immer wieder inspirieren lassen von Gottes Wort. Das hat auch zur Folge, dass ich Anbetungslieder einmal genauer unter die Lupe nehmen kann, um zu schauen, ob sie auf biblischen Inhalten gründen oder auf romantischen Bildern, die uns in die Irre leiten.

Konstruktive Anregungen zum Umgang mit »Anbetung« in der Gemeinde

So weit die Theorie. Nun haben wir bereits früher schon festgestellt, dass die Konflikte sich in der Regel nicht an der Theorie entzünden, sondern an der Praxis. Aufgrund der vielen Erfahrungen und den damit verbundenen echten und auch »blauen« Wundern, möchte ich im Folgenden einige Erfahrungen weitergeben, die hoffentlich hilfreich für die Praxis der Anbetung sind und konstruktiv weiterführen im gemeinsamen Ringen und Suchen nach geeigneten Formen und Wegen. Es geht dabei nicht immer explizit um das Thema »Anbetung«. Doch gerade wenn es um Formen der Anbetung geht, geraten diese Spannungsfelder besonders ins Blickfeld.

Alles Anbetung?

Der Begriff »Anbetung« hat in der Gemeindepraxis eine gewisse Inflation erfahren. Wenn ich mir die Minutenprogramm anschaue, die mir regelmäßig vor Veranstaltungen, in denen ich predige, zugeschickt werden, dann findet sich irgendwo immer das Stichwort »Anbetung«. Doch so wichtig die Anbetung ist; nicht alles ist Anbetung. Die alten Liturgien zeigen uns einen inhaltlichen Reichtum, auch wenn die Formen an vielen Stellen fremd und überholt sind.

Ich unterrichte seit einigen Jahren in einer theologischen Ausbildungsstätte das Fach »Musik in der Gemeinde«. In diesem Fach steht auch das Thema »Anbetung« auf dem Programm. Die heftige Reaktion eines Studenten auf das Thema »Anbetung« hat mich stutzig gemacht. Er weigerte sich, über dieses Thema nachzudenken und hatte ganz offensichtlich seine Erfahrungen gesammelt, die für ihn die Anbetung zum Reizthema gemacht haben. Ich musste immer wieder an das Gespräch denken. Und wie so oft, findet sich in jeder Kritik ein Körnchen Wahrheit. In diesem Falle war es die Sache mit dem »Gesetz des Pendels«. Wenn wir nur über Anbetung reden, dann wird das Pendel irgendwann zur anderen Seite ausschlagen. Wir machen uns derzeit Gedanken über die Gestaltung von Anbetungszeiten. Doch wo finden wir Formen für Klagezeiten? Wo sind die anderen wesentlichen Themen unseres Glaubens im Gottesdienst verankert? Da ich zu dieser Zeit mit der redaktionellen Zusammenstellung eines neuen Liederbuches beschäftigt war, musste ich immer wieder an die Diskussion im Klassenraum denken. An Anbetungsliedern mangelt es derzeit nicht. Doch wo sind die Klagelieder? Wo sind die Lieder zu den Kirchenfesten? Wo sind die Auferstehungs- und wo die Bekenntnislieder?

Wenn alles Anbetung ist, ist irgendwann nichts mehr Anbetung. Deshalb ist es wichtig, dass wir neben der Anbetung auch die anderen Themen aufgreifen und Formen dafür suchen, sie zu gestalten und zu leben. Nur so können wir verhindern, dass es zu einer Inflation kommt und irgendwann vielleicht sogar zu einer allergischen Reaktion. Dazu ist die Anbetung Gottes zu kostbar und zu wichtig.

■ Vertrauen ist gefragt

Solange es Menschen gibt, gibt es Generationskonflikte und unterschiedliche Meinungen über Stile und Geschmäcker. So verschieden die Menschen sind, so verschieden sind ihre Vorlieben und Abneigungen. Wer meint, dass der Ausweg darin zu finden ist, indem man eine Gemeinde mit Gleichgesinnten gründet, wird spätestens nach ein bis zwei Generationen eines Besseren belehrt. Die Gemeinde Gottes ist keine Interessensgemeinschaft, sondern eine Glaubensgemeinschaft. Deshalb haben wir die Aufgabe, uns immer wieder zueinander durchzuringen und durchzulieben, auch da, wo wir unterschiedlicher Meinung sind. Diese Auseinandersetzungen bleiben uns nicht erspart, wenn wir nicht riskieren wollen, dass eine

Gruppe dabei auf der Strecke bleibt. Wenn Menschen mit den Füßen abstimmen, ist es in der Regel zu spät.
Eine entscheidende Voraussetzung, dass wir gerade zwischen Jungen und Alten im Gespräch bleiben, ist das gegenseitige Vertrauen, das wir einander entgegenbringen. Wir oft unterstellen wir den anderen unlautere Motivation. Es waren für mich oft die schmerzlichsten Erfahrungen, dass man mir das Vertrauen abgesprochen hat, ich würde es ernst meinen mit Jesus. Schnell wurde die Stilfrage an die Wahrheitsfrage gebunden. Wer das tut, nimmt die Basis für eine gemeinsame Zukunft. Wer permanent mit dem Vorwurf leben muss, er handle aus unlauteren Motiven, wird über kurz oder lang die Segel streichen. Deshalb müssen wir aufhören mit pauschalen Verdächtigungen. Nicht jeder junge Mensch, der in der Gemeinde gerne etwas verändern möchte, tut das aus Prinzip und ohne geistliches Anliegen. Nicht jeder ältere Mensch hält nur aus Tradition und Unbeweglichkeit an seinen lieb gewonnenen Formen fest. Wir müssen dem anderen das Gute unterstellen.

Ehrlich werden im Umgang mit heiklen Themen

Wir brauchen gegenseitiges Vertrauen. Und wir brauchen einen ehrlichen Umgang mit heiklen Themen. Es gibt eine ganze Reihe von Themen, an denen sich seit Generationen die Gemüter entzünden. Es geht um die so genannten »Mitteldinge«, wie sie der Theologe benennt. Es sind Fragen, die nicht heilsentscheidend sind, und über die man unterschiedlicher Ansicht sein kann. Es geht z.B. um bestimmte Speisegebote, Reinheitsvorstellungen, Alkohol, Tanzen und um die Frage der Musik.
Ich halte es für nötig, dass wir im Blick auf diese Themen unsere eigene Motivation prüfen und ehrlich diskutieren. Wie oft habe ich es erlebt, dass in Gemeinden anhand dieser Fragen Konflikte zwischen Familien aufrechterhalten wurden, die sich über Jahrzehnte hinstreckten.
Wir müssen unsere ehrlichen Beweggründe und auch unsere Ängste benennen. Nur so kommen wir zu einem echten Gespräch und zu hilfreichen Antworten, die von gegenseitiger Achtung geprägt sind.

In einem Freizeitheim des Deutschen EC-Verbandes gab es viele Jahre ein Alkoholverbot, obwohl dieses Haus fast ausschließlich von Erwachsenengruppen genutzt wurde. Für viele war das überhaupt kein Problem. Manche nahmen diese Tatsache zum Anlass, um über unsere zurückgebliebenen Einstellungen zu lächeln. Man würde für beide Seiten genügend Argumente finden. Hilfreich war für alle Seiten die Tatsache, dass sich in unmittelbarer Nachbarschaft eine Therapieeinrichtung befindet mit Gästen, die auch im Freizeitheim ein- und ausgingen. Manche von ihnen waren suchtkrank. Deshalb verzichteten wir aus Rücksicht auf die Gäste auf Alkohol in unserem Haus. Das war für alle einsichtig, auch für die, die abends gerne ein Gläschen Wein zum Abendausklang tranken.
Diesen Umgang wünsche ich mir auch, wenn es um Stilfragen in der Gestaltung der Anbetung und der dazugehörigen Musik geht. Nur wenn andere verstehen, warum wir zu unseren Positionen gekommen sind, können wir offen und respektvoll darüber reden und kommen weiter. Ansonsten werden wir die Fronten verhärten und verhindern, dass wir zusammenfinden.

Geschmack und Theologie auseinander halten

Als bekennender Rockmusiker war ich in der Gemeinde immer Zielscheibe mancher »Traditionalisten«. Seit ich Christ bin, musste ich mich rechtfertigen für die Musik die ich mache und den Musikstil, den ich höre. Das hat mir an vielen Stellen geholfen, mich intensiv mit dem Thema auseinander zu setzen. Das hat mir aber auch immer wieder die Augen geöffnet für die eigentlichen Problemfelder.
Ein bemerkenswertes Beispiel habe ich erlebt, als ich zum Jubiläum eines christlichen Musikverbandes eingeladen war. Aus dieser Ecke kamen immer wieder besonders starke Anfragen, ob unsere Motivation in der christlichen Musikarbeit unter Jugendlichen auch lauter genug ist. Das Jubiläum nahm seinen Verlauf und dann wurde nach einiger Zeit ein angekündigter Überraschungsgast präsentiert. Als er auf die Bühne schritt, traute ich meinen Augen kaum: Gotthilf Fischer. Nun wünsche ich ihm natürlich sehr, dass sein Vorname sein Programm

wird, aber meines Wissens hat sich Gotthilf Fischer bis dahin nicht sonderlich um die geistlichen Anliegen in der Musik bemüht. Ich mache an dieser Stelle keinen Hehl daraus, dass ich Volksmusik nicht mag, obwohl ich überzeugt davon bin, dass wir christliche Volksmusik bräuchten, auch aus missionarischen Gründen. Aber das, was in dieser Veranstaltung geschah, hatte nicht im Geringsten etwas mit christlicher Verkündigung zu tun. Es wurden einige Volkslieder geträllert, die zwar vielleicht für deutsche Kultur stehen, aber sicher nicht für geistlichen Reichtum. Viele waren sichtlich ergriffen von diesem Moment und sangen lauthals und voller Inbrunst mit.
Beim Nachdenken über dieses Erlebnis kam ich auf eine wichtige Tatsache, die wir im Gespräch über Formen und Stile in unseren Gemeinden beherzigen müssen: Wir müssen Geschmack und Theologie auseinander halten. Ich habe mir zum Grundsatz gemacht, dass ich keinen Musikstil als ungeistlich verdammen werde. Das bedeutet nicht, dass mir jede Musik gefällt. Manche Musikstile sind eine große Herausforderung für mich. Trotzdem akzeptiere ich, dass andere Menschen einen anderen Musikgeschmack pflegen als ich. Die Gespräche und Konflikte würden sich verändern, wenn wir an dieser Stelle unseren eigenen Musikgeschmack nicht mit theologischen Argumenten untermauern würden, um ihm so vielleicht die nötige Ernsthaftigkeit zu geben und ihn vor Angriffen zu schützen. Wir würden anders miteinander reden, wenn wir die Unterschiede als das benennen würden, was sie in den meisten Fällen sind: Eine Frage des Geschmacks.

Eine Frage der Kultur

Die bei weitem wertvollsten Impulse zu diesem Thema habe ich in vielen Begegnungen mit Christen auf der ganzen Welt bekommen. Der Blumenstrauß der christlichen Stile und Formen ist so bunt, wie die Kulturen an sich. Wir können uns hier enorm bereichern. Wer einmal einen Gottesdienst in Afrika miterlebt hat oder thailändische Christen erlebt hat, weiß wovon ich rede. Die Begegnungen haben bei mir im Laufe der Jahre zwei Dinge bewirkt:

Sie haben meine Berührungsängste zu anderen Stilen und Kulturen abgebaut.

In einem Vortrag, den ich vor einiger Zeit besuchte, forderte der indische Referent uns auf, einmal herzlich zu lachen, da das Evangelium schließlich eine frohe Botschaft sei. Es fiel uns allen sichtlich schwer. In Deutschland haben wir es gelernt uns eher »inwendig« zu freuen, sprich: so, dass es niemand merkt. Unsere Zurückhaltung zieht sich durch bis hinein in die Gebetsformen und den Stil unserer Anbetung. Ich erinnere an das Beispiel des afrikanischen Christen, der in der Anbetungszeit auf der Erde lag. Ich habe in all den Begegnungen gelernt, meine kulturellen Grenzen zu erweitern und zu verstehen, dass Gott sich nicht auf die deutsche Kultur festgelegt hat. Ich habe auch gelernt, meine Grenzen zu bejahen und nicht zu versuchen, sie künstlich und unehrlich zu übergehen. Sonst wäre ich schnell dabei, Dinge zu imitieren. Doch darum geht es eben nicht.

Sie haben dazu geführt, dass ich meine eigene Kultur stärker schätze.

Die Begegnungen mit Christen aus anderen Kulturen haben mir die Grenzen meiner eigenen Kultur aufgezeigt. Aber sie haben mich auch dazu geführt, meine Kultur anders schätzen zu lernen. Es geht mir in keiner Weise darum, ein überflüssiges Deutschtum zu pflegen. Aber ich will das Gute nicht einfach über Bord werfen. Ich schätze unsere Art, Dinge zu durchdenken und kritisch zu reflektieren. Sie hilft uns auch in der Anbetung. Ich schätze die Nüchternheit, die mit unserer Kultur verbunden ist. Ich schätze unsere Art, Dinge vorzubereiten und zu planen.

Viele gute Impulse zum Thema »Anbetung« kommen derzeit aus dem angloamerikanischen Bereich. Ich bin ein großer Freund davon und bin dankbar für viele wertvolle Anregungen. Trotzdem meine ich, dass wir in den nächsten Jahren verstärkt danach fragen müssen, wie wir Lieder schreiben können und Formen finden, die unserer eigenen Kultur entspringen und nicht nur übersetzt sind.

Die Machtfrage thematisieren

Eine Frage, die eng mit unserem Thema zusammenhängt, aber kaum in unserem Gemeinden thematisiert wird, ist die Machtfrage. Oft werden im Zusammenhang mit Stilfragen Machtkämpfe zwischen unterschiedlichen Mitgliedern der Gemeinde ausgetragen. Manchmal ist es der Kampf zwischen Alten und Jungen. Manchmal ist es der Kampf zwischen Gemeindeleiter und Musikteam. Manchmal ist es der Kampf zwischen altem und neuem Gemeindeleiter. Es können unterschiedliche Machtkämpfe sein, die sich abspielen. In der Versuchung Jesu (Mt. 4,1-11) wird uns sehr drastisch geschildert, wie groß die Angriffsfläche des Menschen in punkto Macht ist. Jesus hat dieser Versuchung widerstanden, doch viele Christen sind daran gescheitert. Wie viele Gründer von Missionswerken, die lange Jahre einen segensreichen Dienst getan haben, waren am Ende auch die Totengräber ihres Werkes, weil sie die Macht nicht aus der Hand geben wollten. Wie viele Chorleiter haben das musikalische Leben in ihrer Gemeinde vollständig zum Erliegen gebracht, weil sie nicht bereit waren, andere Stile und Formen zuzulassen.

Wir müssen in unseren Gemeinden die Machtfrage thematisieren; am besten dann, wenn wir von Machtkämpfen momentan nicht konkret betroffen sind. Wir müssen einen Umgang finden mit der Versuchung der Macht, um unsere Gemeinde vor der Willkür und Herrschaft Einzelner zu schützen.

Natürlich denkt man beim Thema »Macht« schnell an die leitenden Mitarbeiter einer Gemeinde. Doch es gibt in den Gemeinden oft etwas weitaus Gefährlicheres: die Diktatur der Schwachen.

Paulus ermahnt uns in Römer 14 dazu, auf die Schwachen in der Gemeinde Rücksicht zu nehmen. Doch was Paulus hier hilfreich benennt, ist kein Freibrief für die Schwachen in der Gemeinde. Wie oft werden Veränderungen der Formen mit dem Argument verhindert, dass man Rücksicht auf die Schwachen nehmen müsse. Oft ist es eine kleine Minderheit von einigen Leuten, die das Gemeindeleben fast vollständig zum Erliegen bringen können. Besonders heikel ist es, wenn diese Menschen schon besonders lange dazugehören

oder gute Geldgeber der Gemeinde sind. Wenn diese Personen jedoch den Stil der Gemeinde diktieren können, ist das durch und durch ungeistlich.
Wir brauchen einfühlsame, gewinnende aber auch mutige Gemeindeleitungen, die weise Entscheidungen treffen und sich nichts diktieren lassen, weder von ewig Gestrigen noch von notorischen Unzufriedenen.

Zahnrad – eine hilfreiche Initiative

Im Bereich der Gnadauer Bewegung, zu der viele Jugend- und Gemeinschaftsverbände in Deutschland gehören, gibt es seit einiger Zeit eine interessante Initiative. Unter dem Titel »Zahnrad« wird versucht, das Miteinander der unterschiedlichen Generationen zu stärken und Wege zu suchen, wie in unseren Gemeinden alle Generationen ihren Platz finden. Ich meine, dass wir eine solche Initiative ganz besonders im Bereich der musikalischen Gestaltung des Gemeindelebens brauchen. Hier haben wir noch viel Arbeit vor uns, da sich der Generationenkonflikt in den Gemeinden oftmals an der Musikfrage festmacht. Wir brauchen diese Bewegung auch im Blick auf das Thema »Anbetung«, das oft als Keil zwischen unterschiedlichen Generationen der Gemeinde steckt. Natürlich kann und muss jede Gemeinde für sich diese Themen behandeln. Ich denke aber, dass es sehr fruchtbar sein könnte, wenn wir uns im großen Stil zusammentun, um Wege zu finden, wie wir das Miteinander der Generationen hilfreich gestalten können.

Lernbereit bleiben

Ich treffe immer wieder mit vielen interessanten Menschen zusammen. Besonders faszinieren mich Menschen, die auch im Alter noch lernbereit sind. Wenn ein achtzigjähriger Mann nicht abgehängt hat, sondern immer noch interessiert ist an dem, was sich in der Welt tut, dann finde ich das faszinierend. Einer dieser Menschen war mein

Deutsch- und Philosophielehrer in meiner Ausbildung im Johanneum. Wenn ich sage, dass er auch der Deutschlehrer von Johannes Rau war, dann ist klar, dass er nicht mehr ganz jung war. Jedenfalls zeigte er mit seinen über 80 Jahren ein erstaunliches Interesse am Lauf der Welt und zeigte in den Gesprächen mit uns Studierenden ein großes Interesse und auch die Bereitschaft, seine eigene Meinung zu überdenken. Wenn das ein 80-jähriger Deutschlehrer angesichts einiger studierender Greenhorns tut, dann ist das beachtlich.
Auf der anderen Seite staune ich, wie alt manche Menschen trotz ihres jungen Alters sein können. Da ist mit 20 schon der Rest des Lebens abzusehen. Es ist zu befürchten, dass nicht mehr viel passiert. Die haben sich mit 20 in ihrem Häuschen einquartiert und warten nun auf den Ruhestand.
Wir brauchen lernwillige Menschen in unseren Gemeinden. Wer lernbereit ist, ist offen für Neues oder Ungewohntes. Das betrifft auch Themen wie »Musik« und Gestaltungsformen. Wer aufhört zu Lernen und nicht mehr bereit ist, sich zu verändern, ist ins Sterben eingetreten, egal wie lange es sich hinziehen mag.

Eine Kultur der Toleranz und Liebe in unseren Gemeinden entwickeln

Als ich Christ wurde, nahm mein Leben eine deutliche Wende. Doch diese Wende führte nicht nur zu Veränderungen in meinem Lebensstil und in meinem Freundeskreis. Ich wurde konfrontiert mit einer völlig anderen Kultur. Ich dachte, die Gemeinde würde sich freuen, wenn ich meine E-Gitarre in den Gottesdienst mitbringe. Heute würde das vielleicht funktionieren, vor 20 Jahren ging der Schuss nach hinten los. Und als ich einige Zeit später unsere Gemeinde mit unserem neuen Jugendchor erfreuen wollte und einige fetzige Gospels zum Besten gab, da saßen manche in den Reihen und hielten sich die Ohren zu. Als dann der Posaunenchor mehr schlecht als recht losblies, da fiel ich fast vom Stuhl und wollte den Rückwärtsgang einlegen. Es war eine Begegnung der anderen Art!

Seither begegnen mir immer wieder dieselben Vorwürfe: zu laut, zu englisch, zu emotional, zu seicht, zu altmodisch, zu unverständlich ... Auch wenn die lauten Stimmen zum Teil verstummt sind, so ist die Haltung an vielen Stellen noch da. Es fehlt die Bereitschaft, andere Formen und Stile zu tolerieren. Toleranz ist überhaupt ein Wort, das in frommen Kreisen skeptisch beäugt wird. Was ist mit diesem Begriff gemeint? Toleranz zu üben, bedeutet nicht, alles gleichgültig zu sehen. »Jeder soll nach seiner Fasson selig werden.« Dieser Satz des Alten Fritz hat nichts mit Toleranz zu tun. Toleranz heißt nicht, dass ich dem anderen nach dem Munde rede. Es bedeutet vielmehr, dass ich den anderen achte und respektiere, trotz seiner anderen Meinung. Wenn ich den anderen wegen seiner anderen Meinung schädigen will, ist das nicht Toleranz, sondern Fanatismus. In einer Gemeinschaft von unterschiedlichen Menschen ist Toleranz gefragt. Das gilt auch für die Gemeinschaft von Christen. Es geht nicht darum, die Wahrheitsfrage aufs Spiel zu setzen. Manche Dinge, die Jesus gesetzt hat, sind nicht verhandelbar. Doch wenn es um die so genannten Mitteldinge geht, ist Toleranz gefragt. Wir brauchen in unseren Gemeinden eine Kultur der Toleranz und Liebe. Wenn uns das gelingt, sind unsere Gemeinden nicht nur um ein paar unangenehme Konflikte ärmer. Sie sind auch ein gewaltiges Zeugnis in der Gesellschaft, dass das Miteinander unterschiedlicher Generationen und Interessen funktionieren kann.

Ich meine jedoch auch, dass es nötig ist, dass unterschiedliche Interessen und Stile in unterschiedlichen Veranstaltungen »auf ihre Kosten« kommen müssen. Nur wenn das der Fall ist, wird die Bereitschaft dauerhaft vorhanden sein, etwas Gemeinsames zu wagen.

Nicht jeder Gottesdienst kann ein Anbetungsgottesdienst sein. Nicht jeder Gottesdienst braucht zwangsweise einen 30-minütigen Anbetungsteil. Anbetung kann auch auf andere Weise geschehen, sei es in liturgischen Form oder in kreativer Freiheit. Trotzdem brauchen wir Orte, wo wir Raum haben zur Anbetung.

Wenn wir es lernen, andere Christen trotz ihres anderen Stils zu ertragen und ihnen in Liebe begegnen, werden wir im Umgang mit strittigen Fragen in unserer Gemeinde einen großen Schritt weiterkommen.

Das Gemeinsame suchen, ohne die Unterschiede zu vertuschen

Manche Christen träumen davon, dass es keine unterschiedlichen Konfessionen mehr gibt und die Unterschiede zwischen den Gemeinden verschwinden. Ich meine nicht, dass es das größte Ziel sein muss, alle Christen unter ein konfessionelles Dach zu bringen. Gemeinden sind so unterschiedlich wie die Menschen, die darin zu Hause sind. Im internationalen Kontext wird diese Tatsache noch um ein Vielfaches verstärkt.

Es ist ein großes Zeugnis, wenn Christen einer Stadt sich zusammentun und aufhören, sich gegenseitig zu bekämpfen. Ich schätze die Einheit von Christen unterschiedlichster Denominationen sehr. Ich habe viele gute Freunde in unterschiedlichsten Gemeinden. Viele tiefe Glaubenserfahrungen hängen mit Ereignissen zusammen, für die wir uns als Christen unterschiedlicher Herkunft zusammengetan haben. Schon meine Biografie – ein Ex-Katholik, der durch »Jugend mit einer Mission« auf Jesus aufmerksam wurde, im EC zum Glauben kam, in die evangelische Kirche eintrat und in der Landeskirchlichen Gemeinschaft seine Heimat fand – hält mich davon ab, die Grenzen zu eng zu ziehen. Ich bete das Gebet Jesu von ganzem Herzen mit, wenn er seinen Vater bittet, dass die Christen eins seien (Joh. 17,21). Einheit und Einheitlichkeit sind für mich aber zwei unterschiedliche Dinge. Zu einem schöpferischen Geist passt keine Gleichmacherei. Einheit im Geist und Unterschiedlichkeit in Form und Stil sind für mich kein Widerspruch. Ich halte es für nötig, dass wir das Gemeinsame suchen, ohne die Unterschiede zu vertuschen. Das gilt für das Miteinander unterschiedlicher Gemeinden genauso wie für das Miteinander innerhalb der Gemeinde.

Gerade im Bereich der »Anbetungslieder« entdecke ich in letzter Zeit einen zunehmenden Einheitsbrei, den ich für bedenklich halte. Wenn sich unsere Gemeinden schon in manchen Formen unterscheiden, dann darf das auch in der Gestaltung zum Ausdruck kommen.

Als wir mit Christen unterschiedlicher Konfessionen zusammensaßen, um über eine gemeinsame Veranstaltung nachzudenken, machte jemand eine hilfreiche Anmerkung: Wir müssen die Unterschiede nicht unter den Teppich kehren, sondern wir können die Unterschiede feiern.

Mut zum Experimentieren

Dieser Punkt wird manchen sicher etwas sauer aufstoßen. Mut zum Experimentieren? Ist die Gemeinde etwa eine Spielwiese? Ich würde sagen: Ja und Nein. Natürlich ist die Gemeinde keine Spielwiese, in der alles seinen Platz hat. Es ist meiner Ansicht nach der größte Fehler mancher Gemeinden, zu meinen, sie müssten es allen Recht machen und für alles müsste Raum sein. Das Evangelium ist nicht verhandelbar. Und trotzdem geht es darum, dass wir das unveränderliche Evangelium nur in Gefäßen haben, die sich verändern. Wenn wir nicht bereit sind, unsere Formen zu verändern, kann es geschehen, dass wir plötzlich Jesus vor die Türe gesetzt haben.
»Gott ist Geist. Wo aber der Geist des Herrn ist, da ist Freiheit«[12] (2. Kor. 3,17). Diese Aussage tätigt Paulus pikanterweise angesichts der Frage nach der Verstocktheit der Juden. Der Geist lässt sich nicht in Formen einbetonieren. Das haben viele Juden zur Zeit Jesu versucht und sind damit kläglich gescheitert. Der Geist Gottes ist ein Geist, der die Freiheit liebt. Er ist ein schöpferischer Geist. Und diesem schöpferischen Geist entspricht eine Kreativität des Menschen, die nicht gebunden ist durch Ängstlichkeit und Furcht, sondern geprägt ist von Kraft, Liebe und Besonnenheit.
Insofern ist die Gemeinde auch eine »Spielwiese«, auf der ich neue Formen der Anbetung und des Lobes ausprobieren kann. Und wie immer gilt dann der biblische TÜV-Satz: »Prüft alles ... und behaltet das Gute« (1. Thess. 5,21).

Vielleicht geht es ja nicht einmal darum, neue Formen zu entwickeln, sondern alte wieder zu entdecken. So kann unsere Anbetung auch in unserer Haltung zum Ausdruck kommen. Seit Jahrhunderten beten Christen in unterschiedlichsten Haltungen ihren Gott an.

---

[12] Zitiert nach Luther '84.

Manche tun es kniend. Manche tun es liegend. Manche stehen vor Gott. Manche heben die Arme. Andere falten die Hände. Zu manchen Formen finden wir rasch Zugang. Zu anderen vielleicht nie. Auf alle Fälle tut es uns gut, immer wieder das gewohnte Land zu verlassen und Neues zu wagen.

In meiner theologischen Ausbildung gab es einmal in der Woche eine liturgische Abendandacht, eine Komplet. Für manche der Studierenden war es der Höhepunkt der Woche. Für mich war es die größte Anfechtung. Nachdem ich durch meine eigene Geschichte liturgische Formen immer als Inbegriff eines leblosen Glaubens erlebt hatte, sollte ich nun in dieser Form Gott begegnen. Ich gebe zu, es ist mir auch nach drei Jahren nicht gelungen. Trotzdem war es für mich im Nachhinein eine lehrreiche Erfahrung, weil ich entdecken und akzeptieren konnte: Für manche Christen ist genau das die geeignete Form der Anbetung.

Ich wünsche mir einen angstfreieren Umgang mit neuen Formen in unseren Gemeinden. Gott soll in aller Kreativität angebetet werden. Vielleicht ist es sogar möglich, dass Gemeinden auf diese Weise mittelfristig wieder zu Kultur prägenden Orten werden, weil unsere Gemeinden Zentren der Kreativität sind mit einem direkten Draht zum Herzen Gottes.

Das Feuer weitertragen

In vielen Gemeinden gilt ein ungeschriebenes Gesetz: Das, was neu ist, muss sich rechtfertigen und das, was bereits besteht, ist gerechtfertigt. Eine interessante Entdeckung hat mir geholfen, diesen Grundsatz als unbiblisches Motto über Bord zu werfen.

Im Lateinischen gibt es einen Begriff, der uns sehr geläufig ist: Tradition. Damit ist die »Überlieferung« gemeint. Wir finden dieses Wort, wo es darum geht, dass das Evangelium überliefert wird. Die Nachricht von Jesus wird »tradiert«. Wir finden das Wort allerdings auch an der Stelle, an der Judas Jesus im Garten Gethsemane ausliefert. Er »tradiert« Jesus an seine Peiniger.

So, wie ich Schätze überliefern kann, so kann ich mit der Tradition auch Hochverrat begehen. Das Problem vieler Juden zur Zeit Jesu war, dass sie an ihren Überlieferungen festgehalten haben und nach dem Motto gehandelt haben: »Also, beschlossen sie messerscharf, dass nicht sein kann, was nicht sein darf.« Deshalb lehnten sie Jesus ab und stürzten sich ins Unglück. Bis heute geschieht es, dass das Evangelium durch gute Tradition überliefert wird, aber auch durch überholte Formen verraten wird. Das Bestehende ist genauso wenig automatisch richtig wie das Neue. Beides muss sich prüfen lassen. Es ist möglich, dass die Form, die vor 20 Jahren die richtige war, heute genau die falsche ist. Es kann sein, dass ich als Kind Aussagen über Gott gemacht habe, die zu der Zeit richtig waren, die ich aber als Erwachsener revidieren oder differenzieren muss.

»Wer tut, was die Väter taten, tut nicht, was die Väter taten.« Dieser bekannte Satz hat meines Erachtens immer noch Gültigkeit. Wenn wir aus Angst vor Veränderung alles beim Alten belassen, fallen wir unseren Vätern in den Rücken, die aus Glauben heraus gewohnte Pfade verlassen und Neues gewagt haben.

Ein Satz hat sich mir eingeprägt: »Tradition ist die Weitergabe des Feuers, nicht die Anbetung der Asche.« Formen ändern sich, Jesus bleibt. Stile kommen und gehen. Gott bleibt derselbe.

Stile ändern sich, Musik verändert sich. Wir wissen nicht, wie die Musik damals im Tempel geklungen hat. Wir haben keine Melodien der kostbaren Lieder Davids überliefert. Wir haben nur ein paar abenteuerliche Regieanweisungen, die wir nicht verwerten können. Das ist alles.

Unsere Hauptaufgabe als Christen ist es nicht, bestimmte Stile und Formen zu verteidigen. Wir sollen nicht die Asche anbeten und das bestaunen, was einmal hilfreich und gut war. Wir sollen das Feuer des Evangeliums weitertragen. Und dieses Feuer wird unter anderem da weitergetragen, wo wir miteinander vor den lebendigen Gott treten und ihn anbeten – mit und ohne Lieder; in der Stille oder mit Getöse; besinnlich oder fröhlich; traditionell oder innovativ.

Schluss

Ich freue mich, wenn dieses Buch anregt, über die eigene Beziehung zu Gott nachzudenken. Vielleicht sind konkrete Anregungen enthalten oder hilfreiche Impulse, die uns einen Schritt weiterführen. Das Schönste ist, wenn dieses Buch hilft, unser Herz auf Gott auszurichten und ihm die Hoheit über unser Handeln und Denken zu übertragen. Wenn unser Herz bei Gott ist, dann ist es da, wo es hingehört.

Dann sah ich am Himmel ein anderes Zeichen,
das groß und wunderbar war.
Sieben Engel hielten die sieben letzten Plagen,
die Gottes Zorn vollendeten.
Ich sah vor mir etwas, das wie ein mit Feuer
vermischtes Kristallmeer aussah.
An seinem Ufer standen alle Menschen, die über das Tier
und sein Standbild und die Zahl seines Namens gesiegt hatten.
Alle hatten von Gott Harfen bekommen,
und sie sangen das Lied Moses, des Dieners Gottes,
und das Lied des Lammes:
»Groß und wunderbar sind deine Taten, Herr, Gott, Allmächtiger.
Gerecht und wahrhaftig sind deine Wege, König der Völker.
Wer sollte dich nicht fürchten,
Herr, und deinen Namen verherrlichen?
Denn du allein bist heilig.
Alle Völker werden kommen und vor dir anbeten,
denn deine gerechten Taten sind offenbart worden.«

Offenbarung 15,1-4

Literaturverzeichnis

Folgende Bücher und Texte haben mich u. a. beim Schreiben dieses Buches inspiriert und sind meiner Meinung nach sehr beachtenswert:

- Guido Baltes: Wörship, Wuppertal 2002
- Guido Baltes: Anbetung konkret, Neukirchen-Vluyn 1993 (vergriffen)
- Wolfgang Schumann: Anbetung, in: Missionarische Dienste, Stuttgart 1987
- Burkhard Weber: Anbetung Gottes als Grundethos christlichen Lebens, Wuppertal 1990
- Rudolf Westerheide: »Herr, dein Name sei erhöht« – Anbetung die Gott ehrt, Kassel 2005
- Thorsten Riewesell (Hrsg.): Lebendiges Gebet, Kassel 2004

hänssler

Feiert Jesus! 3

Pb., 320 S., Nr. 394.411, 3-7751-4411-0

Als Feiert Jesus! 1995 als Idee für eine neue Lobpreisreihe begann, ahnte noch niemand, dass Feiert Jesus! solche weiten Kreise ziehen und für viele zum Segen werden würde. Denn das Konzept war denkbar einfach: Es wurde ein Liederbuch aus aktuellen, mittlerweile etablierten und noch unbekannten Lobpreisliedern zusammengestellt. Dabei wurde besonderer Wert auf eine klare inhaltliche Aussage und eine »mitsingbare« Melodie gelegt. Dem Liederbuch folgte rasch die erste CD. Inzwischen sind 2 Liederbücher und 11 CDs erschienen. Das dritte Liederbuch folgt dem bewährten Konzept. Es enthält mehr als 200 Lieder mit Gitarrengriffen. U. a. mit · Gnade und Wahrheit · Here I am to worship · Zieh mich hin zu dir · Du bist ein wunderbarer Hirt. Wir wünschen uns auch für die Zukunft, dass wir mit Feiert Jesus! dazu beitragen können, dass Menschen Jesus erleben, ihn loben und anbeten und dadurch gestärkt, ermutigt und fröhlich ihren Alltag bewältigen können.

Statements aus dem Redaktionskreis:
»Ein fundiertes, aufgewecktes Buch erwartet uns. Die 3 betitelt zwar den Liedband – aber er könnte auch aussagen: Die drei: Jesus – Gott – Heiliger Geist«. Lasst uns allen Dreien begegnen! Das Buch soll dazu helfen.« (Matthias Hanssmann, Vorsitzender der AGEJW)

»›Feiert Jesus! 3‹ ist ein Liederbuch, das eine breite thematische Vielfalt an den Tag legt und so als Liederbuch ›alltagstauglich‹ ist. Außerdem enthält es viele aktuelle und gut singbare Lieder. Folgende Stichworte bringen es auf den Punkt, worum es uns mit diesem Liederbuch geht: thematische Vielfalt, gute deutsche Texte und aktuelle Lieder, die die Mitsinghits von Morgen werden können.« (Klaus Göttler, Deutscher EC-Verband)

Bitte fragen Sie in Ihrer Buchhandlung nach diesem Buch!
Oder schreiben Sie an den Hänssler Verlag, D-71087 Holzgerlingen.